LE GRAND QUIZ MANGA

漫画

12

Rodolphe Massé

LE GRAND QUIZ MANGA

漫画

HEROES GAME

QUE NOUS AYONS GRANDI dans la soucoupe de Goldorak ou sur le nuage de Son Goku, au sein de l'équipage d'Albator ou de Luffy, dans les rues de Néo-Tokyo ou à l'abri de la maison Pony, sur le ventre de Tororo ou dans les pages de Fairy Tail ou de Naruto, nous sommes tous de la « génération manga » !

Près de 45 ans après son arrivée en France par l'entremise des Fulguropoings d'un robot géant et les couettes d'une petite blonde orpheline atomisant nos petits écrans, la culture manga est aujourd'hui un phénomène culturel puissamment enraciné en nos contrées. Qui parlerait encore de « japoniaiseries », à l'heure où l'Académie des Oscars a consacré Hayao Miyazaki, où les plus grands musées nationaux célèbrent l'art de Tezuka, Taniguchi, Ôtomo, Araki, et tant d'autres ?

Il était temps qu'un jeu secoue vos neurones, mette à l'épreuve vos souvenirs et votre passion pour la BD et les animés du pays du Soleil-Levant ! Cette boîte de jeu vous téléporte dans la «Dimension manga» en vous proposant des centaines de quiz, ainsi que des dizaines d'épreuves afin de pimenter vos parties. De quoi tester l'intensité de votre flamme, partager vos connaissances et votre passion pour toutes les couleurs du manga !

Rodolphe Massé

LES RÈGLES DU JEU

CONTENU DE LA BOÎTE

La boîte contient :

- Un plateau de jeu ;
- 100 cartes proposant chacune quatre quiz ou QCM ;
- 20 cartes contenant chacune trois épreuves ;
- 28 cartes spéciales Manga Powaa ;
- Un livret contenant les règles du jeu et plein d'infos sur les stars du manga et de l'animé ;
- Un dé ;
- 6 pions.

LE GUIDE DE LA DIMENSION MANGA

Le petit guide que vous tenez entre vos mains fébriles contient tout plein de renseignements précieux, en cas de trou de mémoire cosmique ou de tempête de fleurs de cerisier dans le cerveau ! Vous pourrez y découvrir ou vous remémorer les règles du jeu, ainsi que les infos essentielles sur les œuvres les plus populaires citées dans les questions et épreuves.

LES 120 CARTES MAGIQUES

Votre passeport pour la Dimension manga se présente sous la forme de 120 cartes : 100 cartes proposant chacune quatre quiz, répartis en quatre catégories (manga, animé, culture manga et genius), et 20 cartes comportant chacune trois défis.

DÉROULEMENT DU JEU

Les voyageurs de la Dimension manga peuvent jouer en solo ou par équipes.

Lancez le dé une première fois pour savoir quelle équipe ou quel joueur commence : le score le plus élevé ouvre la partie.

LE VOYAGE DANS LA DIMENSION MANGA PEUT COMMENCER !

TOURS DE JEU

Les règles sont méga simples. On avance au fil du parcours représenté sur le plateau de la case Départ jusqu'au Paradis du manga (Manga Paradise).

Chaque joueur lance le dé du destin et avance d'autant de cases indiquées, afin d'être informé de sa prochaine destination dans la Dimension manga.

Si le joueur obtient 6 au dé, il reçoit une carte spéciale Manga Powaa (voir plus loin), et relance le dé pour avancer.

Si le joueur tombe sur une case Quiz, un adversaire tire une carte Quiz, et pose la question de la catégorie qui correspond à la case sur laquelle le joueur est tombé.

Si le joueur tombe sur une case Défi, il tire lui-même la carte et tente de faire deviner l'œuvre indiquée en relevant le défi choisi par son jet de dé (voir ci-dessous).

Si le joueur (ou l'équipe) répond correctement au quiz (ou parvient à relever le défi), il laisse la main au joueur suivant.

S'il échoue, il recule de 2 cases.

Au cours du jeu, le joueur atterrit invariablement sur l'une des cases suivantes du plateau, identifiable à sa couleur :

CASES QUIZ

MANGA

Toutes les couleurs du manga, des grands shônen à succès – de Dragon Ball à One Piece, en passant par Fairy Tail, Death Note ou Naruto – aux shôjo incontournables – de Candy à Nana – en passant par les seinen – d'Akira à Ghost in the Shell.

ANIME

Toutes les stars des séries cultes, de Goldorak à Neon Genesis Evangelion ou Cowboy Bebop, mais aussi des grands films à succès, de Porco Rosso à Your Name, en passant par Les Enfants loups, Red Line, Summer Wars ou Le Voyage de Chihiro !

CULTURE MANGA

Tout l'univers étendu du manga et de l'animé, avec ses codes et sa culture propre (histoire, auteurs historiques), et tous ses dérivés pop culturels (musique, cinéma, jeux vidéo), ou traditionnels (arts, cuisine, sport).

GENIUS

Cette catégorie regroupe des questions plus complexes de chacune des catégories précédemment citées... pour les otakus, les fortiches et tous ceux qui n'ont pas froid aux yeux !

CASES DÉFI

Les cases sont deux fois plus rares, mais on les repère tout de suite !
Il est aussi possible de tomber sur une case Défi. Le joueur doit alors relancer le dé afin de connaître le type de défi que le destin lui désigne.

Il s'agit toujours de faire deviner un manga ou un animé à l'ensemble des joueurs (ou au reste de votre équipe si vous jouez par équipe), mais de multiples façons.

Si vous faites 1 ou 2 :

MOTS INTERDITS

Faites deviner l'œuvre indiquée sur la carte sans prononcer les mots indiqués et leurs dérivés, ni aucun nom propre (personnage, lieu, auteur) en rapport avec l'œuvre.

Si vous faites 3 ou 4 :

À VOS CRAYONS ! DESSINER...

Laissez libre cours à votre fibre créative. Jouez les mangakas et faites deviner l'œuvre ou le personnage en dessinant !

MOVE YOUR BODY ! MIMER...

Vous disposez d'une minute pour faire deviner le personnage ou l'œuvre en mimant... et en silence, bien sûr !

Si vous faites 5 ou 6 :

EN UN SEUL MOT OU FREDONNER

Faites deviner l'œuvre indiquée, avec un seul mot bien choisi, ou en fredonnant (ou sifflant) un thème musical associé à l'œuvre (générique, chanson ou thème musical de l'animé), sans les paroles éventuelles, bien évidemment !

CARTES SPÉCIALES MANGA POWAA

On les place en pile, face cachée. Il suffit de faire 6 au dé pour en obtenir une.

Celles-ci donnent toujours un atout non négligeable, qui peut permettre à un « novice » de gagner face à un « initié » : une carte MANGA POWAA offre en effet au joueur le soutien d'un héros de manga… À utiliser quand bon vous semble !

Il est donc tout à fait possible de l'utiliser immédiatement après l'avoir piochée, ou au tour de votre choix (pas plus d'une par tour).

Valable pour un seul tour (sauf mention particulière), la carte spéciale une fois utilisée est replacée sous la pile.

Chacune des cartes suivantes apparaît en double :

ALBATOR N'A JAMAIS TORT !

Vivant en liberté sous son drapeau, Albator gagne quand même le quiz pour vous : vous ne reculez donc PAS de deux cases, même si vous avez tort. Trop fort, Albator ! Valable une fois.

BRÛLE, MON COSMOS ! FOLIE OTAKU !

Les Chevaliers du Zodiaque vous offrent un tour supplémentaire ! Ils sont comme ça, les Chevaliers ! Valable une fois.

MAGICAL GIRL

En cas d'échec, une magical girl pioche pour vous une autre carte : vous pouvez aussitôt retenter votre chance pour un quiz de même catégorie (ou une épreuve de même type). Valable une fois.

LE CRI DE TOTORO

Accroché à sa fourrure, Totoro vous fait avancer… de trois cases d'un coup ! Valable une fois.

RETRO-LASER !

Si vous le souhaitez, Goldorak relance le dé pour vous… et jusqu'à trois fois de suite ! Utilisable pour un seul tour.

LES CAPRICES DE NADIA

+ ou –1 : Nadia vous permet d'aller une ou deux cases plus loin ou moins loin que celle indiquée par le dé. En outre, elle vous souffle la réponse de la prochaine question Genius sur laquelle vous sécherez ! Utilisable deux fois, une fois par caprice.

LUFFY CHEWING PUNCH !

3 sur 4 : Luffy demande à la personne qui lit le QCM de prendre connaissance de la bonne réponse et d'éliminer la première mauvaise réponse de la carte. Cette carte est valable deux fois !

FIN DU JEU

Une fois parvenu sur la dernière case du plateau (Manga Paradise), le joueur doit répondre à toutes les questions d'une carte Quiz, soit une de chaque catégorie : manga, anime, culture manga et genius, afin d'entrer au Paradis du manga ! You Win !

Il est toujours possible au joueur d'utiliser les cartes spéciales Manga Powaa qui lui restent. S'il échoue, il passe son tour.

S'il y parvient, il est sacré Héros suprême du Paradis du manga !

PRÊTS POUR UN NOUVEAU TRIP DANS LA DIMENSION MANGA ?

AUTRES MODES DE JEU

Il existe évidemment plein de possibilités, et il est possible de faire varier légèrement les règles pour modifier le rythme et l'atmosphère des parties.

Il est par exemple possible de jouer en mode coopératif, à deux ou à plusieurs : une seule équipe soudée tente de parvenir au Paradis du manga en résolvant les dernières énigmes en un minimum de temps. Tentez de battre le record d'une autre équipe ou le vôtre !

N'hésitez pas à faire preuve d'imagination afin d'écrire vos propres règles du jeu !

PETIT ABÉCÉDAIRE DES GRANDS CLASSIQUES DE LA CULTURE MANGA !

Cet abécédaire propose une sélection de plus de 120 œuvres phares du manga et de l'animé, choisies parmi celles fréquemment citées dans votre Manga quiz, des origines à 2022, classées par ordre alphabétique. Auxquelles s'ajoutent quelques bonus « culture manga » (auteurs, studios, séries live), ainsi qu'une brève histoire du manga.

3x3 Eyes

Un soir, le jeune Yakumo rencontre Paï, une étrange jeune fille qui se révèle être la dernière survivante d'une ethnie d'immortels : quand son troisième œil s'ouvre, la naïve Paï devient la divine Parvati. Or, le plus grand rêve de Paï est de devenir humaine ! Pour mener à bien sa quête, elle sera aidée de Yakumo qui deviendra le wu de Paï, autrement dit... son guerrier immortel ! Tous deux croiseront sur leur chemin une fantastique collection de monstres et démons en tout genre. Grand classique mystique et culte, les quarante tomes du manga de Yûzô Takada nous mènent sur les chemins de l'immortalité !

A

Ah ! My Goddess

Un jeune étudiant timide et célibataire ne se doute pas qu'une erreur de numéro de téléphone va lui permettre d'accueillir chez lui... une superbe déesse nordique, prête à exaucer son vœu le plus cher ! Pourtant, la splendide créature qui jaillit d'un miroir n'a rien d'une hallucination. Bien sûr, Keichi ne souhaite alors qu'une seule chose : que la superbe Belldandy reste auprès de lui pour la vie... Comment ça, trop beau pour être vrai ? Attendez que les jeunes sœurs de Belldandy débarquent ! Le graphisme particulièrement élégant de Kosûke Fujishima a fait de ce shônen féerique un grand classique du manga des années 1990.

Air Gear

Un sport de glisse incroyable a fait son apparition : l'Air Treck permet tout simplement de défier la gravité ! À la suite d'un pari perdu, Itsuki découvre ces rollers à propulsion et se décide à défier les plus grands champions. Renversant et ultra-dynamique, le trait du controversé Oh ! Great est à son meilleur niveau dans ce shônen, dont Taïg Khris, le champion de roller, est le conseiller technique.

Akira

À Néo-Tokyo, dans un avenir proche, on suit une bande de jeunes motards désœuvrés, dans l'ambiance de fin du monde de cette mégalopole corrompue. Quand un curieux petit garçon au visage de vieillard croise accidentellement leur chemin, Tetsuo est capturé par l'armée. Son ami Kaneda et sa bande viennent en réalité de franchir la première étape d'un processus irréversible : le réveil d'Akira. Le chef-d'œuvre de Katsuhiro Otomo est aussi efficace dans sa version animée (1988), dirigée par l'auteur. Akira fut pour beaucoup la révélation de la puissance narrative du manga !

Albator, le corsaire de l'espace (Albator 78)

La série de Rin Tarô demeure la plus belle adaptation du manga de Leiji Matsumoto, et la plus mythique dans nos contrées ! À bord de l'Atlantis (Arcadia en VO), Albator (Harlock en VO), drapé dans son interminable manteau-

cape, le capitaine corsaire de l'espace, dont la mèche dissimule mal la balafre et le cache-œil, lutte contre les redoutables Sylvidres, bien décidées à asservir la Terre. La vision très poétique de l'œuvre originale est parfaitement respectée, et fait de cette série de science-fiction un classique indémodable !

Angel Sanctuary

Ce grand shôjo fantastique de Kaori Yuki nous propose de suivre la destinée de Setsuna, un lycéen rebelle, et de sa sœur Sara, pour laquelle il éprouve des sentiments exceptionnellement forts. Setsuna apprend qu'il est la réincarnation d'Alexiel, un ange féminin, plein de compassion pour certains démons persécutés. Le réveil de l'ange qui sommeille en lui met en péril sa jeune sœur, mais de nombreux alliés veillent dans l'ombre de la guerre céleste qui s'annonce !

Appleseed

Avant Ghost in the Shell, Masamune Shirow nous a offert un autre immense manga de science-fiction philosophique avec Appleseed, qui connut également plusieurs adaptations animées. On y suit les pérégrinations de la belle Deunan Nuts et son compagnon cyborg (bioroïde), Briareos, dans la cité utopique d'Olympus...

Aria

Transporter les visiteurs et habitants de Néo-Venezia à bord d'une gondole, c'est un métier à part entière, à l'apprentissage délicat. Les mangas Aria et Aqua ont fait l'objet d'une adaptation en série animée, assez fidèle à la douceur et à la poésie de l'œuvre originale de ces tranches de vie tour à tour apaisantes, drôles, attendrissantes et contemplatives !

Ashita no Joe

Le manga conte l'ascension du jeune Joe Yabuki dans le milieu de la boxe. Roublard et bagarreur, il attire l'attention d'un ancien boxeur alcoolique qui décide de le prendre en main. Joe franchit peu à peu toutes les étapes, jusqu'au match le plus épique de sa carrière... Référence ultime du manga de boxe, le récit classique de Tetsuya Chiba et Asao Takamori est aussi un drame poignant et une bible contestataire. À la mort de Toru Rikiishi, le rival numéro un de Joe, plus de sept cents Japonais se rassemblèrent, sur l'impulsion du poète Shuji Terayama, afin de célébrer les funérailles bouddhistes... d'un personnage de manga !

Astro Boy (Astro, le petit robot)

Le petit garçon-robot de l'ère atomique est aussi célèbre au Japon que Mickey Mouse en Amérique. Création du professeur Ochanomizu, il est doté d'un cœur, se propulse dans les airs au moyen de ses bottes à réaction, le poing brandi, et ne craint personne ! Walt Disney lui-même était

très admiratif de l'œuvre visionnaire de Tezuka, avec lequel il souhaitait collaborer. Près de sept décennies plus tard, ce vibrant plaidoyer contre toutes les formes d'intolérance et de racisme demeure un classique par excellence. En 1963, sa première adaptation télévisée était aussi la première grande série animée hebdomadaire japonaise !

L'Attaque des Titans

Ce manga culte raconte la résistance de l'humanité face à de gigantesques créatures anthropophages surgies de nulle part. Pour se protéger des Titans qui ont anéanti la plupart d'entre eux, les hommes ont érigé de hauts murs et tentent d'élucider le mystère de leur apparition, tout en défendant chèrement leurs terres. Eren Jäger est l'un de ces résistants qui a vu, encore enfant, sa mère dévorée sous ses yeux par un Titan, et qui n'aspire plus qu'à se venger. L'impact visuel des planches d'Isayama est décuplé par une narration brutale et intense. Phénomène des années 2010, le manga remporte un immense succès mondial, tant public que critique.

B

La Bataille des Planètes (Gatchaman)

Voici cinq jeunes hyperdoués, incorruptibles, inséparables, invincibles, aux extraordinaires capacités : Princesse, Marc, Thierry, Allumette et Kipo. À bord du Phénix, fantastique vaisseau qui peut se changer en oiseau de feu, ils constituent la Force G, les archanges qui défendent la galaxie menacée par les forces de Spectra, la Suprême Clarté, et Zoltar, son âme damnée ! La Bataille des Planètes arrive en France dans la foulée de Goldorak et des séries animées post-Star Wars. Présentée comme la contre-offensive américaine au Prince d'Euphor, elle est en réalité l'adaptation (et le charcutage en règle) de la série japonaise Gatchaman, l'œuvre mythique de la Tatsunoko. Dans un souci de rajeunir le public de la série, le remontage américain supprime toutes les scènes dramatiques, violentes ou sensuelles, et les remplace par des séquences racontées par le robot 7 Zark 7 (doublé par le fantastique Philippe Dumat), un simili-R2D2, qui résume ce à quoi les spectateurs ont échappé ! Bénéfice non négligeable de la version Battle of the Planets : l'un des plus éblouissants génériques de l'histoire de la télévision… et des musiques inoubliables également signées Hoyt S. Curtin (Scooby-Doo).

Belle

Suzu est une ado japonaise réservée, voire inhibée. En apparence, du moins. Dans le monde virtuel « U », elle est Belle, une star adulée et suivie par plus de cinq milliards de personnes. Une double vie délicate, du moins jusqu'à sa rencontre avec une créature monstrueuse et fascinante ! Tourné vers la connaissance de soi et le dépassement de ses peurs, ce film récent de Mamoru Hosoda (2021) s'inspire bien évidemment du conte français de La Belle et la Bête, déjà adapté au cinéma par Jean Cocteau ou les studios Disney. La France ne s'y est pas trompée : présenté en avant-première mondiale au 74e Festival de Cannes, le film a été salué d'une standing ovation de 14 minutes par le public !

Berserk

Dans un univers sombre et sanglant de dark fantasy, un guerrier solitaire promène son imposante silhouette de village en village, bien décidé à être le seul maître de son destin… Mais sa soif de vengeance semble sans bornes ! Sur son cou, une marque mystérieuse qui lui vaut d'être pourchassé par tous les démons de l'Enfer. Sur son dos, Dragon Slayer, une épée gigantesque, plus haute qu'un homme… Guts saura-t-il retrouver le chemin de la liberté ? Un classique de la dark fantasy de Kentarô Miura, pour public averti.

Beyond the Clouds : la Fillette tombée du ciel

Ce shônen évoque toute la poésie des univers de Miyazaki, dans le monde steam punk de la Ville jaune, où la Fumée crachée par les usines dissimule les étoiles aux yeux des citadins. Mia, une jeune Fille littéralement tombée du ciel, va bouleverser le quotidien ronronnant de Théo, un jeune inventeur rêvant d'aventure... Pour l'aider à retrouver la mémoire, Théo sera prêt à tout ! Un manga idéal pour retrouver ses rêves d'enFant...

Bioman et super sentai [séries live]

«Force rouge ! Force jaune ! Force bleue ! Force verte ! Force rose ! » Série culte du Club Dorothée immortalisée par le générique chanté par Bernard Minet, Bioman est la star des séries de super sentai, ces groupes de super-héros de toutes les couleurs, qui doivent une bonne part de leur inspiration à la mythique série animée Gatchaman (La Bataille des Planètes). Elles donneront aux Américains l'idée d'adapter le concept à leur public, à travers la saga Power Rangers, douteux plagiat des sentai... À noter que les séries Bioman 2 (Maskman) et 3 (Liveman) sont des séries indépendantes, qui n'ont en réalité aucun rapport avec Bioman !

Black Jack

En 1973, Osamu Tezuka invente le drame médical en créant Black Jack, un chirurgien de l'impossible capable d'opérer les cas les plus désespérés, contre de fantastiques sommes d'argent. Défiguré à la suite d'un accident, une greffe de peau lui laisse un visage mi-clair, mi-sombre. Black Jack opère accompagné de son assistante Pinoko qui lui doit la vie, et dont l'esprit grandit, piégé dans le corps d'une petite fille. Au-delà de son apparente froideur, le génial médecin marron est bien plus humaniste et généreux qu'on l'imagine. Il inspirera des générations de lecteurs et d'auteurs...

Bleach

Le jeune Ichigo est capable de voir et communiquer avec les esprits. Aidé de son épée spirituelle, il devra rapidement assumer sa double vie de lycéen et de chasseur de démons, chargé de protéger les âmes des vivants des Hollows, des monstres sans pitié ! Cette longue saga a connu un succès retentissant, tant en manga qu'en animé.

Bouddha (La Vie de...)

En Inde, la venue au monde d'un jeune prince provoque d'étranges phénomènes... Les convictions humanistes de Tezuka prenaient aussi leur source dans la spiritualité bouddhiste : le père du manga moderne a ainsi consacré au prince Gautama et à son éveil spirituel une biographie libre de plus de 3000 pages... dont beaucoup de Japonais

considèrent qu'il compte parmi les livres incontournables d'une vie !

Bride Stories

Au XIXe siècle, en Asie centrale, sur la route de la soie, l'ethnologue Henri Smith étudie la vie et les mœurs des autochtones. Pendant ce temps, un mariage se prépare : celui d'Amir, 20 ans, jeune chasseuse d'un clan nomade, douée au tir à l'arc, et de son cadet Karluk, 12 ans seulement ! Le manga historique de Kaoru Mori est l'un des plus beaux seinen de ces dernières années.

Btooom!

Ryota est 10e au classement mondial du jeu vidéo Btooom ! (bruit que font les bombes Bim quand elles explosent), un FPS stratégique en ligne. Le *gamer* acharné est enlevé par de mystérieux hommes en noir, et se retrouve sur une île déserte, où il va devoir survivre dans les mêmes conditions que dans son *survival game* favori ! En 2012, la première partie du manga a fait l'objet d'une adaptation en série animée par le studio Madhouse (Redline, Vampire Hunter D...).

C

Candy Candy

« Au pays de Candy, comme dans tous les pays… » La petite orpheline aux boucles blondes, dont on suit le parcours de sa naissance à l'âge adulte, fut, avec Goldorak, la première grande ambassadrice de l'animation japonaise en France. Son succès fut aussi fracassant que celui du robot géant… et pas seulement auprès des petites filles ! Recueillie par la maison Pony, puis élève infirmière, Candy Neige André connaîtra mille aventures et romances, avec son raton laveur Capucin, ses grosses couettes et ses taches de rousseur : depuis la vision fugitive d'un petit prince des collines jusqu'à la révélation finale, au terme des 114 épisodes d'une adaptation qui transcende allègrement les limites des neuf volumes du manga d'origine !

Capitaine Flam

« Capitaine Flam, tu n'es pas de notre galaxie, mais du fond de la nuit… » Ce héros mythique des années post-Star Wars est une adaptation japonaise des romans et nouvelles d'Edmond Hamilton (nouvelles encore scandaleusement inédites en France), génial auteur américain de science-fiction. Captain Future devient en France le capitaine Flam, qui vit d'innombrables aventures échevelées depuis sa base lunaire, en compagnie du robot

Crag, du métamorphe Mala, du professeur Simon et de la jolie Johann...

Card Captor Sakura

Quand elle ouvre par accident un mystérieux livre dans la bibliothèque de son père, la petite Sakura ne s'attend pas à ce que les cartes de Clow qui s'en échappent... se matérialisent en de dangereuses créatures ! Sakura doit absolument capturer ces cartes magiques. Mais quand on a 10 ans, comment mener à bien une mission aussi périlleuse ? Heureusement, Sakura a Kero à ses côtés : son petit lion en peluche doué de vie... Cette magical girl est l'une des créations les plus populaires du fameux studio Clamp !

Cat's Eyes (Signé...)

Qui sont ces trois jeunes panthères, spécialisées dans le vol d'œuvres d'art, qui, en un éclair, savent bondir sans un bruit ? Qui sont ces cambrioleuses de choc et de charme qui osent signer leurs méfaits du nom de Cat's Eye... le nom du café qu'elles possèdent juste en face du commissariat de Tokyo ? Ces trois sœurs sont les héroïnes du premier manga à succès de l'auteur de City Hunter (Nicky Larson), le grand Tsukasa Hôjô ! Trois ombres dans un œil de chat... La série animée a illuminé les dimanches soir de toute une génération de jeunes Français !

Les Chevaliers du Zodiaque (Saint Seiya)

La popularité de l'œuvre-phare de Masami Kurumada doit beaucoup à son adaptation animée remarquable, diffusée par le Club Dorothée à la même époque que Dragon Ball (1987-1988). Qui ignore encore la quête de jeunes adolescents devenus chevaliers sacrés au service de la déesse Athéna, réincarnée sous la forme d'une jeune fille prénommée Saori ? Seiya, le chevalier Pégase, dirige ces héros mythologiques, dont les armures sont aussi célèbres qu'eux !

City Hunter (Nicky Larson)

Œuvre maîtresse de Tsukasa Hôjô (Cat's Eyes), l'adaptation animée de ce manga en 35 volumes est une série culte du Club Dorothée ! Ryô Saeba (Nicky Larson en VF), surnommé « City Hunter », est un nettoyeur sur contrat et un tireur d'élite, souvent engagé comme garde du corps de riches jeunes femmes en détresse, qu'il drague sans scrupule… avant que sa compagne Kaori ne se pointe, armée d'un maillet vengeur ! Ces deux-là forment un couple atypique, mais plus uni qu'on pourrait le croire… un duo d'enfer que rien ne peut arrêter !

Cobra (Space Adventure Cobra)

Space Adventure Cobra est le chef-d'œuvre de Buichi Terasawa. Armé de son psychogun (le rayon delta) caché dans son avant-bras gauche artificiel et le cigare aux lèvres, le personnage est inspiré de notre Jean-Paul Belmondo national ! La série brasse tous les univers de la littérature populaire, avec une bonne dose d'humour et une touche d'érotisme ! Ce western spatial n'a pas pris une ride, grâce à la fantastique adaptation en série animée par le duo Osamu Dezaki/Akio Sugino, d'une exceptionnelle qualité.

Coq de combat

Ryô, étudiant sans histoire, sombre dans la folie et tue ses parents. Envoyé en maison de correction, sa rencontre avec un détenu qui donne des cours de karaté va changer sa vie, et lui ouvrir la voie de la rédemption. Coq de combat s'attaque à de nombreux tabous, au premier rang desquels la pression sociale, les crimes adolescents et les conditions de vie des détenus. Sa dimension sociétale fait de ce seinen une œuvre forte qui n'hésite pas à bousculer son lecteur.

Cowboy Bebop

Western spatial jazzy subtil et ultra sophistiqué, Cowboy Bebop demeure probablement la plus luxueuse des séries d'animation de la fin du siècle dernier ! Les aventures du chasseur de primes Spike Spiegel et de l'équipage haut en couleur du Bebop bénéficient en outre d'une incroyable bande originale jazz, signée Yôko Kannô (Macross Plus, Vision d'Escaflowne). Tout respire l'élégance, le style et la décontraction... La classe ultime !

Crying Freeman

Combien d'assassins professionnels versent des larmes après leur crime ? Tel est le Crying Freeman, tatoué d'un gigantesque dragon. Quand un truand chinois meurt de la main du Freeman sous les yeux de la belle Hino, celle-ci comprend que ses jours sont comptés... Le manga culte de Ryoichi Ikegami et Kazuo Koike a fait l'objet d'une adaptation cinématographique, signée Christophe Gans !

Cutie Honey

Cutie Honey, la Guerrière de l'Amour, est une magical girl transformiste et extrêmement pulpeuse. L'héroïne de Gô Nagai, le créateur de Goldorak, Devilman ou Mazinger, affronte l'organisation criminelle Panther Claw en changeant sans cesse de tenue... et sans rien dissimuler de son anatomie durant cette étape cruciale ! Elle connaîtra de nombreuses adaptations, dont deux (un long métrage et une série de trois OAV) signées par le génial Hideaki Annô (Nadia, le secret de l'eau bleue, Neon Genesis Evangelion) !

D

Death Note

Light est un lycéen surdoué, révulsé par un monde gangrené par la corruption. Un mystérieux cahier, le Death Note ou carnet de la mort, croise sa route, spécifiant que toute personne dont le nom apparaît dans ses pages mourra inévitablement. Bientôt convaincu du réel pouvoir du Death Note, Light décide de l'utiliser afin d'éradiquer les criminels de la surface de la Terre, et créer un monde utopique où il pourrait régner en dieu… Mais sa santé mentale se dégrade rapidement. Adapté en série animée, films *live* et drama, le hit de Ôba et Obata interroge les notions de bien et de mal et les conceptions de la justice. Il a reçu, entre autres distinctions, le Prix Bob Morane 2008 de la meilleure bande dessinée traduite.

Demon Slayer (Les Rôdeurs de la nuit)

Un des grands succès du shônen de ces dernières années, adapté en série et long métrage animés (Le Train de l'infini, immense succès au box-office japonais), et qui bénéficie d'un traitement graphique original. Cet étonnant conte fantastique de Koyoharu Gotôge nous entraîne dans le Japon du début du siècle dernier, en compagnie de Tanjiro, un jeune marchand de charbon dont la famille est massacrée par un ogre… à l'exception de sa sœur Nezuko, elle-même très affectée par sa rencontre avec le monstre. Une longue quête de vérité commence pour les deux survivants du massacre !

Détective Conan

Un poison a redonné à Shinichi, lycéen en classe de première, l'apparence qu'il avait à l'âge de 7 ans ! Capable de résoudre toutes les enquêtes, il prend le pseudonyme de Conan Edogawa (pour Conan Doyle, le créateur de Sherlock Holmes et l'écrivain japonais Edogawa Ranpô, dont le nom est lui-même un hommage à Edgar Allan Poe), et se réfugie chez sa petite amie Ran, dont le père est détective. Le grand classique du manga d'enquêtes, truffé de références aux grands classiques du polar et de la littérature policière !

Dr Slump

Au village Pingouin, le Dr Slump a fabriqué une étonnante petite fille-robot qui découvre le monde avec une fraîcheur déconcertante. Avec sa casquette et ses grosses lunettes, Aralé adore courir, armée d'un caca au bout d'un bâton… et se faire plein d'amis ! Le premier immense succès de l'auteur de Dragon Ball, Akira Toriyama, est irrésistiblement drôle et délirant ! Mais gare où vous mettez les pieds : on ne compte pas moins de deux-cent-dix-sept crottes dans les dix premiers volumes du manga !

Dr. Stone

Imaginez un instant que toute l'humanité se retrouve brusquement changée en pierre. Que Feriez-vous ? Oseriez-vous tout recommencer de zéro ? C'est la question qui se pose à un jeune lycée de Tokyo, Taiju, et son ami Senku. Le destin de toute l'humanité dépend de ces deux adolescents ! Le succès retentissant de ce shônen, associant Boichi (Sun-Ken Rock, Sanctum) au dessin et Riichiro Inagaki (Eyeshield 21) au scénario, doit autant à ses qualités graphiques qu'au spectacle d'une humanité pétriFiée où de jeunes survivants errent au milieu du désastre... et d'une tonne de questions !

Dragon Ball et Dragon Ball Z

« Kamé Hamé Haaa !! » On ne présente plus la série-Fleuve d'Akira Toriyama, et un des plus grands succès du shônen. Petit garçon ébouriFFé à la queue de singe, Son Goku est déjà un génie des arts martiaux. Tout commence avec la quête des sept boules de cristal du dragon Shenron : Son Goku veut récupérer celle qui appartenait à son grand-père ! Mais il lui Faudra d'abord se perFectionner auprès du maître Tortue Géniale... L'adaptation télévisée couvre les volumes 1 à 16 du manga ; Dragon Ball Z et ses bastons aussi épiques qu'interminables prennent ensuite le relais jusqu'au volume 42 Final.

Dragon Head

Trois adolescents rentrent d'un voyage scolaire. Un accident survient quand le train passe sous un tunnel, et le monde semble s'être arrêté. Que s'est-il passé à l'extérieur pour que les secours n'arrivent pas ? Livré à lui-même, le trio va avancer de cauchemar en cauchemar. Dragon Head est un seinen manga extraordinairement oppressant, qui sonde les abîmes de l'âme humaine placée dans des conditions extrêmes… et la fragilité des civilisations.

E

Edens Zero

Granbell : c'est dans ce qui ressemble fort à un immense parc d'attractions déserté que le jeune Shiki a grandi, entouré de robots et rêvant d'aventures, de découvertes… et de se faire des amis humains. La rencontre d'une « B-Cubeuse », Rebecca, venue filmer l'île pour maximiser les vues de ses vidéos en ligne, va changer sa vie. Au-delà des nuages, un univers d'aventures sidérales et d'émotions cosmiques les attend ! Le dernier shônen de Hiro Mashima décline les recettes de ses précédents succès (Fairy Tail, Rave) en mode space fantasy. Shiki, Rebecca (et Happy) sont les cousins de ses précédents héros, mais après tout, il n'y a de place dans le cœur d'un homme que pour un seul roman !

Elle et lui (Kare Kano)

Derrière le masque de la jeune fille parfaite, Yukino dissimule la « reine de la vanité », prête à tout pour soigner son image ! Jusqu'au jour où Arima, son rival, perce le masque de la belle élève modèle... Un grand classique du shôjo, mature, subtil, hilarant et très enlevé ! Le génial Hideaki Annô (Neon Genesis Evangelion) réalisera les premiers épisodes de l'adaptation animée.

Les Enfants du Temps (Weathering With You)

Après le triomphe de Your Name, le nouveau long métrage de Makoto Shinkai ne déçoit pas. Mieux, il offre à Your Name une sorte de prolongement parfait : un voyage fantastique aux personnages attachants. À Tokyo, où il pleut sans discontinuer, Hodaka, fraîchement débarqué de son île natale, rencontre la jeune Hina Amano, dotée d'un fabuleux pouvoir : celui d'appeler le soleil et de ramener le beau temps ! Une fois de plus, le réalisateur rend la poésie de la capitale japonaise presque palpable...

Les Enfants loups, Ame et Yuki

Ame et Yuki (Pluie et Neige) sont les deux adorables enfants que Hana élève seule à la suite de la mort de leur père, un homme-loup. Eux-mêmes mi-humains, mi-louveteaux, Ame et Yuki s'apprêtent à lutter contre leur nature pour se faire accepter. Œuvre majeure du très talentueux Mamoru Hosoda (Summer Wars, Belle), également déclinée en roman et manga, le long métrage animé reçoit un excellent accueil et figure régulièrement dans les classements des « meilleurs films de tous les temps ».

Escale à Yokohama (Café Alpha)

Également connu des fans de longue date sous le titre Café Alpha ou Y.K.K. (Yokohama Kaidashi Kikô), ce seinen manga contemplatif est resté de longues années l'un des plus attendus en France. Finalement traduit en français en 2021, le manga de Hitoshi Ashinano est une tranche de vie intemporelle, une merveille de poésie originellement publiée dans le mensuel Afternoon entre 1995 et 2006. Alpha, qui tient un petit café un peu à l'écart de Yokohama, nous fait partager son quotidien, où le temps semble le plus souvent comme suspendu, tant la jeune femme maîtrise l'art de savourer pleinement chaque instant, chaque petit bonheur du quotidien... et les rencontres avec ses rares clients. Et puis, Alpha a un secret : c'est un robot, plus sage et posé que bien des humains. Escale à Yokohama est le manga le plus zen au monde ! Un trésor à s'offrir et à partager, qui saura convaincre les plus réfractaires : ceux qui penseraient encore que le manga ne rime qu'avec sexe et violence par exemple...

Evangelion (Neon Genesis Evangelion)

Quinze ans après le Second Impact, Shinji pilote l'Eva 01, un robot géant avec lequel il entre en symbiose pour combattre les Anges, d'immenses et redoutables créatures d'origine

inconnue. Mais ce sont surtout ses propres peurs et démons auxquels Shinji se retrouve confronté ! Le Plan de Complémentarité de l'Homme est en marche... Neon Genesis Evangelion est LA série animée de référence des années 1990, un véritable phénomène culturel. Signée Hideaki Annô, un proche de Miyazaki auquel on doit aussi Nadia, le secret de l'eau bleue ou Gunbuster, la puissance narrative et la richesse symbolique de ce monument de la science-fiction ouvrent le champ à de multiples interprétations et niveaux de lecture : psychanalytique, ésotérique, spirituel... Mais on peut aussi l'apprécier comme un excellent thriller apocalyptique sur fond de robots géants !

F

Fairy Tail

Au Royaume de Fiore, les mages se réunissent en guildes. Natsu, un mage de feu, Lucy, une constellationniste, Natsu, un mage de feu et Happy, un chat bleu anthropomorphe, appartiennent tous trois à la guilde Fairy Tail... célèbre pour les dégâts qu'elle occasionne lors de chaque mission ! Deuxième shônen best-seller de Hiro Mashima après l'excellent Rave, Fairy Tail a également fait l'objet de multiples adaptations animées (série, films et OAV).

Fire Force

Fire Force n'est pas un manga sur les pompiers... En tout cas, pas sur des pompiers classiques : les brigades spéciales Fire Force sont chargées d'élucider le mystère de la combustion spontanée, un phénomène qui se multiplie et terrifie la population, puisque tout un chacun peut se transformer en torche humaine ! Déjà remarqué pour Soul Eater, Atsushi Ôkubo rencontre un succès encore plus impressionnant et amplement mérité avec Fire Force, dû en partie à une galerie de personnages très fouillés psychologiquement... et dont un simple sourire forcé peut cacher d'épouvantables drames.

Fruits Basket

Orpheline, Tohru est recueillie par la famille d'un camarade de classe. Celle-ci cache un incroyable secret : une étrange malédiction transforme certains de ses membres en animaux. Et pas n'importe lesquels : ceux du zodiaque chinois ! Ce shôjo mythologique est avant tout une comédie sentimentale d'une grande finesse psychologique ! La série animée et le manga d'origine sont tous deux de grande qualité.

G

Gainax (studio)

Au début des années 1980, une poignée d'otakus passionnés fonde un studio qui contribue à révolutionner l'animation japonaise. Hideaki Annô, ami de Miyazaki, y joue un rôle de tout premier plan, réalisant la plupart des chefs-d'œuvre du studio : Gunbuster (6 OAV, 1988), Nadia, le secret de l'eau bleue (TV, 1991) et bien sûr Neon Genesis Evangelion (TV, 1996). Citons aussi le premier long métrage du studio, Les Ailes d'Honneamise (Hiroyuki Yamaga, 1987) et sa sublime bande originale signée Ryûichi Sakamoto, ou encore Gurren Lagann (2007), qui compte parmi les succès notables du studio.

Galaxy Express 999

Galaxy Express 999 est un immense classique du manga et l'œuvre maîtresse de Leiji Matsumoto, le créateur d'Albator. Inspirée du roman de Kenji Miyazawa, Train de nuit dans la Voie lactée, la poésie galactique de l'auteur s'y épanouit pleinement, au fil de mille-et-une fables spatiales contemplatives, douces-amères, et pleines de cette « poignante mélancolie des choses » (mono no aware) propre à l'âme japonaise ! On y suit le destin de Maetel, voyageuse de l'éternité, qui accompagne le jeune Tetsurô dans son voyage vers Andromède où les hommes peuvent échanger leur corps biologique contre un corps mécanique... Mais une telle immortalité est-elle souhaitable ? La première adaptation du manga en long métrage animé a contribué à donner au cinéma d'animation japonais ses lettres de noblesse.

Gantz

Deux anciens amis trouvent la mort en sauvant la vie d'un sans-abri. Ils reprennent conscience dans un appartement au milieu d'un petit groupe de personnes... auquel une étrange sphère noire, Gantz, ordonne d'aller tuer « l'homme-poireau » ! Ils devront dès lors accomplir des missions toujours plus dangereuses, sans jamais cesser de s'interroger sur le sens de leur surréaliste destinée... Gantz est l'un des seinen majeurs des années 2000, adapté en série animée, puis en films animés et *live*.

Georgie

En Australie, par une nuit orageuse, un fermier trouve une femme mourante qui tient un bébé. Contre la volonté de sa femme, il décide de l'adopter et l'élève avec ses deux fils. Seul le bracelet de Georgie témoigne du secret de sa naissance. Après la mort de son père adoptif, la toute jeune fille partira en Angleterre à la recherche de son père biologique, un noble condamné au bagne. L'adaptation animée diffusée à la fin des années 1980 dans le Club Dorothée a rendu célèbre ce shôjo manga de Yumiko Igarashi (Candy).

Ghibli (Studio)

Le plus célèbre studio d'animation japonais est essentiellement l'œuvre de trois hommes : le producteur Toshio Suzuki et les réalisateurs Hayao Miyazaki (Mon voisin Totoro, Le vent se lève, Porco Rosso) et Isao Takahata (Le Tombeau des lucioles, Le Conte de la princesse Kaguya). Son niveau d'exigence est tel (virtuosité de l'animation, excellence du scénario, de la réalisation, de la partition) que les productions Ghibli deviennent le nouveau mètre étalon de l'animation mondiale dès le début des années 1990, inspirant les nouvelles générations d'artistes auteurs des studios Pixar ou Disney.

Ghost in the Shell

Dans un futur proche, le Major Mokoto Kusanagi, première hybride humaine-cyborg, et Batou, son coéquipier, luttent au sein de la section 9 contre les plus dangereux hackers et cybercriminels. L'adaptation animée (1995) signée Mamoru Oshii a fait de l'œuvre de S-F philosophique de Masamune Shirow (Appleseed) l'un des plus célèbres mangas de tous les temps ! Vingt-deux ans plus tard, Scarlett Johansson incarnera le Major Kusanagi dans le long métrage de Rupert Sanders. Une œuvre de référence sur l'intelligence artificielle.

Godzilla [kaijû, voir aussi Mothra]

Godzilla est le plus célèbre des kaijû, ces monstres géants typiquement japonais, et le premier du genre qui donnera naissance à Mothra, Gamera et tous leurs copains, pour la plupart produits par le studio Toho. Tour à tour menace ou allié de l'humanité dans les nombreux films qui lui sont consacrés, Godzilla apparaît dès 1954 dans le film d'Ishirô Honda, qui révolutionne le genre du « cinéma de monstres » (kaijû eiga). Godzilla inspire toujours les auteurs du monde entier, du Godzilla Resurgence de Hideaki Annô (2016) au remake américain de Gareth Edwards (2014, 2019, 2021), en passant par les kaijû du film Pacific Rim (2013) de Guillermo del Toro... sans compter d'innombrables mangas, comics et jeux vidéo !

Golden Boy

Kintarô Oe, 25 ans, parcourt le Japon en tous sens sur son vélo, afin d'assouvir son désir le plus profond : apprendre ! Homme à tout faire, il passe de job en job... et de femme en femme ! La dimension sociale et la réflexion philosophique ne sont jamais très loin dans ce manga polisson de Tatsuya Egawa, plus grave qu'il n'y paraît. Et son adaptation en OAV demeure culte !

Goldorak (UFO Robot Grendizer)

On ne présente plus le robot géant, ses astérohaches et ses fulguropoings ! Véritable phénomène de société

de la Fin des années 1970, Goldorak scotche et boule-
verse la génération qui le découvre... eFFarant au passage
quelques parents et psychologues peu coutumiers
d'une esthétique aussi agressive qu'eFFicace ! Du chara
design exceptionnellement raFFiné de Kazuo Komatsubara
aux thèmes musicaux inouïs de Shunsuke Kikuchi, tous
les aspects de la production de cette série, adaptée
pourtant d'un énième manga de robot géant de Gô Nagai
(Cutie Honey), concourent à en Faire un objet télévisuel
inoubliable et Fascinant.

Golgo 13

Duke Togo est Golgo 13, un assassin proFessionnel, sniper d'élite sans scrupule, ni état d'âme, qui ne rate jamais sa cible. Plus sombre que James Bond, le manga culte est publié sans interruption depuis 1968 ! Le manga de Takao Saito a Fait l'objet de plusieurs adaptations *live* et animées, dont deux longs métrages d'Osamu Dezaki.

Gon

Petit, mais terrible, attachant, mais sauvage, aFFectueux, mais rusé... Gon est un emblème de la culture japonaise, célèbre dans le monde entier. Le manga entièrement muet de Masashi Tanaka conte les péripéties d'un petit tyrannosaure des temps préhistoriques, à la découverte des espèces qui peuplent le vaste monde. La Finesse du graphisme contraste habilement avec la rudesse de l'action et l'absence de dialogues. Un classique drôle, tendre et remarquablement inventiF !

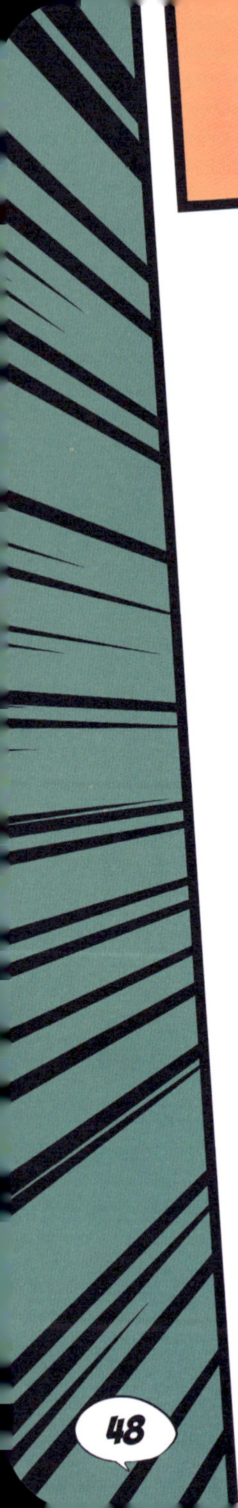

Les Gouttes de Dieu

Dans son testament, Yutaka Kanzaki, un œnologue mondialement célèbre lègue douze vins sublimes, « les douze apôtres », ainsi qu'un treizième, « les Gouttes de Dieu », nectar divin, à celui de ses fils qui les aura mérités. Élu « Grand Prix de la revue des vins de France » et même « meilleur livre au monde sur le vin », le manga est à la fois un récit passionnant et une véritable encyclopédie du saint breuvage !

G.T.O.

G.T.O. (Great Teacher Onizuka) conte le parcours d'enseignant de l'ex-*bad boy* Eikichi Onizuka, bien décidé à embrasser la vocation après avoir essuyé un râteau : la jeune fille lui a préféré un gros professeur chauve. Comment le voyou reconverti s'en sortira-t-il dans la peau d'un prof ? Irrésistible, G.T.O. de Tôru Fujisawa (Tokkô, Rose Hip Rose) est un manga culte du début des années 2000, et son adaptation en série animée est tout aussi populaire !

Gunnm

Dans une décharge, Ido, un cybernéticien, découvre la tête d'un cyborg dont la remarquable finesse des traits contraste miraculeusement avec les déchets environnants. Il décide de reconstruire celle qui deviendra Gally, aventurière, guerrière, championne de motorball, à la recherche de son identité dans un monde apocalyptique, qu'elle parcourt sans jamais se séparer de sa précieuse lame de Damas. Un chef-d'œuvre de Kishiro, qui a profondément marqué l'histoire du manga !

H

Hikaru no Go

Hikaru découvre dans son grenier un jeu de go hanté par le fantôme du champion d'un temps lointain. La passion de son ancêtre entraîne Hikaru dans le monde de l'un des plus complexes, anciens et fascinants jeux de stratégie… L'incroyable engouement pour le manga puis l'animé a relancé l'intérêt des jeunes pour le go au Japon… et dans le monde entier !

L'Histoire des 3 Adolf

En couvrant les événements des Jeux olympiques de Berlin de 1936, un journaliste sportif découvre que son jeune frère a été tué. Ce dernier avait mis la main sur

un document révélant les origines juives d'Adolf Hitler. Ce vertigineux drame historique est l'un des plus grands chefs-d'œuvre du génie du manga, Osamu Tezuka. Un seinen humaniste à la noirceur éblouissante.

L'homme qui marche

Jirô Taniguchi est l'un des rares auteurs que les plus allergiques au manga connaissent et apprécient : son dessin dans la droite « ligne claire » propre à Hergé ne dépayse pas trop les amateurs de BD franco-belge. S'il a triomphé en France avec Le Journal de mon père ou encore Quartier lointain, son premier manga traduit en France est aussi l'un des plus touchants : les flâneries de ce promeneur rêveur solitaire ne peuvent laisser personne indifférent. Dans un presque silence, on se surprend à l'accompagner et rêver en sa compagnie, au fil de planches où le temps s'arrête complètement… l'homme qui marche cherche l'or du temps !

I

Interstella 5 555

Interstella 5 555 était un rêve de gosse pour les Daft Punk, biberonnés aux animés japonais et à l'univers poétique d'Albator ! C'est avec le créateur du corsaire de l'espace, Leiji Matsumoto en personne, que le duo collabore pour ce film musical audacieux, qui illumine l'ensemble de l'album

Discovery (2002). On se délecte du parcours d'un groupe de musiciens électro-pop qui triomphe dans toute la galaxie, manipulés par un producteur corrompu et ivre de pouvoir ! Extatique.

Ishinomori (Shôtaro)

Dessinateur fertile, Ishinomori a abordé des univers très variés. Dans les premières années de sa carrière, son style de dessin est assez proche de celui de son maître Osamu Tezuka. Dès la fin des années 1950, il devient populaire avec une série adaptée par la télévision, Kaiketsu Harimao, dont l'action se déroule en Asie du Sud-est pendant la Seconde Guerre mondiale. Dans les années 1960, il s'oriente vers la science-fiction avec les séries Cyborg 009 en 1964, ou Genma Taisen en 1967. Ishinomori se consacre notamment au manga historique, souvent teinté de réalisme social, dans Sabu et Ichi (de 1968 à 1972) ou Sandarobotchi (de 1975 à 1981). Il aborde le sujet de l'argent et du sexe dans Kurodaïku, dont le protagoniste évolue dans le monde impitoyable de la finance. On lui doit une collection en 48 volumes sur l'histoire du Japon : Manga Nihon no Rekishi (1989). Il est également à l'origine d'un manga didactique et social, énorme succès au Japon et traduit par Albin Michel en 1989 sous le titre Les Secrets de l'économie japonaise en bande dessinée. En France, on le connaît surtout pour la série San Ku Kaï, sorte de Star Wars japonais qui fit les beaux jours de Récré A2 au début des années 1980 ! Ishinomori est aussi l'un des pionniers des séries de tokusatsu avec

son mythique Kamen Rider. Sa ville natale de Miyagi lui consacre un musée après sa disparition en 1998. Celui qui était surnommé le « roi du manga » laisse une œuvre immense, encore trop méconnue dans nos contrées.
Œuvres majeures : Sabu et Ichi (Kana), Cyborg 009 (Glénat), Kamen Rider (Isan Manga), Hokusaï (Kana), Miyamoto Musahi (Kana)...

J

Jin-Roh, la brigade des loups

Dans un passé alternatif à la fin des années 1950, Tokyo est la proie de violentes émeutes fomentées par la Secte, un étrange groupe d'opposition. En réaction, les autorités créent une brigade de répression armée. Durant une opération, une jeune recrue de cette brigade des loups est incapable de faire feu sur une jeune fille porteuse d'une bombe : un « petit chaperon rouge ». Un long métrage de Hiroyuki Okiura de 1999, sur un scénario de Mamoru Oshii (Ghost in the Shell, Patlabor), qui interroge la violence de nos sociétés et la tendance à la soumission de l'être humain.

K

Ken le survivant

Héros d'une population asservie dans un monde ravagé par une guerre nucléaire, Kenshirô est un maître des arts martiaux de l'Étoile du Nord (une technique de combat mortelle et ancestrale), à la recherche de sa fiancée enlevée par son propre frère. Sept cicatrices sur le torse témoignent de ses rudes combats passés. Ce digne héritier de **Mad Max** n'était pas vraiment destiné à un jeune public : ultra-censurée lors de son passage au Club Dorothée, la série adaptée du manga aura fait couler beaucoup d'encre !

Kenshin le vagabond

Sans doute le plus célèbre manga de samouraï. Au début de l'ère Meiji, le Japon passe sans transition de l'ère féodale à la révolution industrielle. Les samouraïs n'ont plus vraiment leur place dans ce nouveau monde et s'apprêtent à disparaître. Kenshin est l'un d'eux, maître du sabre et vagabond. La légende de l'un des derniers samouraïs est en marche ! S'adressant à un public plus large que **Vagabond** ou **L'Habitant de l'infini**, Kenshin le vagabond a fait l'objet de plusieurs animés, dont une série d'OAV d'une exceptionnelle beauté.

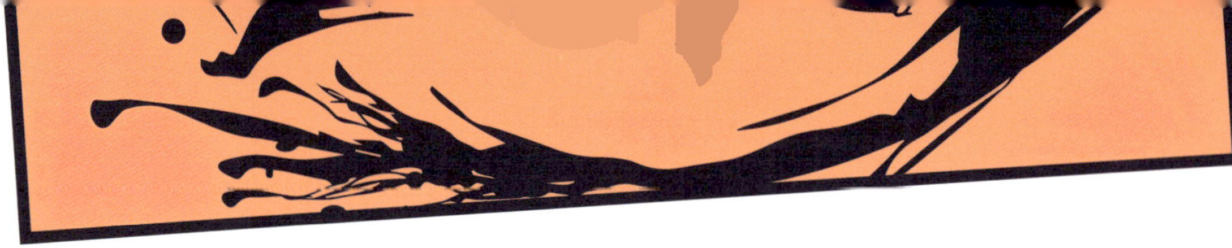

Kiki la petite sorcière

Le Miyazaki de 1989 est l'un des plus beaux et prolonge les thèmes abordés dans Mon Voisin Totoro. Bien avant Harry Potter, Miyazaki nous propose de voler en compagnie de la plus ravissante des petites sorcières : Kiki et son chat noir, Jiji ! Tous deux filent sur leur balai volant au service de la « messagerie de l'ensorceleuse », mais la magie de l'enfance semble s'enfuir inexorablement. Que se passe-t-il ? Cet hymne au pouvoir des rêves et à la puissance de l'imagination enfantine parle aussi du difficile passage à l'adolescence !

Kill la Kill

Comment résumer une telle folie ? Disons que Ryûko, 17 ans, ne se sépare jamais de sa demi-paire de ciseaux géante. En quête de l'assassin de son père, elle intègre l'académie Honnôji, dont certains élèves ont la particularité d'utiliser des uniformes Goku, qui s'avèrent être de véritables armures ! Mais Ryûko possède elle-même un uniforme très spécial. Il s'appelle Senketsu, il parle et présente un seul défaut : quand elle le porte, Ryûko est à moitié nue. Voilà, voilà ! Cet animé délirant, survolté et hyper sexy de Hiroyuki Imaishi (Gurenn Lagann) et du studio Trigger voit le jour en 2013, en simultané avec une déclinaison manga.

Kimagure Orange Road (Max et Cie)

Kyôsuke tombe fou amoureux de la jeune Madoka : une créature de rêve, dotée d'une forte personnalité. Quand Hikaru, une jeune collégienne raide dingue de Kyôsuke, entre dans la danse, on obtient... un triangle amoureux sur fond de pouvoirs psychiques, créant d'infinis quiproquos ! Comédie sentimentale culte des années 1980, Orange Road est un peu la « version collège » de Maison Ikkoku, plus mature. Le chara design de Madoka, signé Akemi Takada, a rendu ce personnage légendaire !

L

Lady Oscar (La Rose de Versailles)

« Lady, Lady Oscar, elle est habillée comme un garçon ! » Le shôjo manga de Riyoko Ikeda est le plus célèbre de l'histoire et le premier véritable triomphe du genre, après Princesse Saphir d'Osamu Tezuka. À tel point que Jacques Demy l'adaptera au cinéma (sur des musiques de Michel Legrand), même si son adaptation animée, multirediffusée depuis le début des années 1980 dans Récré A2, est de loin la plus populaire. Il s'agit en fait de l'histoire du Chevalier d'Éon,

très romancée, avec son lot d'instants épiques et d'amours déchirantes, avec le bel Axel de Fersen, et en guest star… Marie-Antoinette !

Lady Snowblood

Dans le contexte des insurrections paysannes des débuts de l'ère Meiji, une jeune mère de famille est violée puis jetée en prison, après avoir vu son époux et son fils se faire assassiner sous ses yeux. Elle meurt en donnant naissance à Yuki, qui sera élevée par un maître du sabre afin d'accomplir la vengeance inachevée de sa mère. Ce classique du manga de Kazuo Koike (Crying Freeman, Lone Wolf and Cub) et Kazuo Imamura et les films qui en ont été tirés ont largement inspiré le diptyque Kill Bill de Quentin Tarantino.

Laputa (Le Château dans le ciel)

La jeune Sheeta détient une pierre volante convoitée par une bande de pirates du ciel. Cherchant à s'enfuir, elle tombe littéralement dans les bras du jeune Pazu ! Leur quête peut alors commencer : celle de Laputa, la forteresse volante dont le père de Pazu n'a jamais pu prouver l'existence. Arrachés à leur quotidien tranquille par des forces qui les dépassent, les deux enfants seront obligés d'imposer leur destinée. Sortie en 1986, il s'agit de la première production officielle du studio Ghibli, de la deuxième collaboration de Hayao Miyazaki avec le compositeur Joe Hisaishi… et du troisième long métrage du maître japonais !

Lodoss [Chroniques de la Guerre de Lodoss]

En treize épisodes, le spectateur suit la destinée d'une communauté de héros magnifiquement dessinés par Yûki Nobuteru. Au fil des OAV de la série d'origine, Deedlit l'elfe, Parn le chevalier, Eto le prêtre, Ghim le nain, Slayne le magicien et Woodchuck le voleur nous entraînent toujours plus loin dans l'univers de Lodoss. On y croise aussi la sorcière Karla, obsédée par l'équilibre, de formidables dragons, et même des berserkers ! Mais l'équilibre du monde est menacé par les plans de Vagnard, qui cherche à ressusciter Kardis, la déesse du mal… C'est une campagne de jeu de rôle qui inspira à Ryô Mizuno ce classique par excellence de l'heroic fantasy japonaise, à la croisée de Tolkien et Donjons et Dragons, qui fut aussi la première grande série d'OAV à voir le jour en France, au milieu des années 1990.

Love Hina

Keitarô ne cesse de rater son examen d'entrée à la prestigieuse université Tôdai. Sans le sou, il décroche un job de responsable dans une pension de jeunes filles plus sexy et cinglées les unes que les autres ! Un grand succès de la comédie sentimentale du début des années 2000, à l'adaptation animée parfaite et joyeusement délirante !

M

Macross (Robotech) et Macross +

Le space opera de Shôji Kawamori a rencontré un succès international au début des années 1980, notamment avec le remontage américain Robotech. En 1984, le long métrage Macross : Do You Remember Love est aussi le plus gros budget de l'époque pour un animé japonais ! De multiples itérations de Macross suivront, variations sur un thème à la fois simple et double : un ballet de valkyries (des mechas au design très réaliste) et une jeune et jolie idole, en toile de fond musicale et sentimentale (Lynn Minmay, Sharon Apple, Mylene Genius...). Dans les années 1990 apparaît la série d'OAV Macross Plus, l'une des suites les plus réussies, bénéficiant d'une incroyable bande originale de Yôko Kannô.

Maison Ikkoku (Juliette, je t'aime)

Le sourire de la belle concierge de la pension Ikkoku masque un deuil difficile : Kyoko est une toute jeune veuve. Parmi le groupe haut en couleur de ses locataires loufoques, un jeune étudiant en difficulté va vite tomber sous son charme... Référence absolue de la comédie sentimentale japonaise, Maison Ikkoku, que l'on pourrait traduire par la « *Maison de l'instant* », est une œuvre majeure de Rumiko Takahashi (Ranma ½, Lamu, Inu Yasha...).

Matsumoto (Leiji)

Le poète des étoiles Akira « Leiji » (littéralement « Guerrier Zéro ») Matsumoto s'illustre dans le shôjo manga avant de se lancer dans la science-fiction. En 1972, Otoko Oidon, qui dépeint les déboires d'un jeune étudiant, reçoit le prix Kodansha. Mais c'est à partir de 1977, avec le début de ses deux best-sellers, Capitaine Albator et Galaxy express 999 (Prix Shôgakukan) qu'il s'impose comme l'un des auteurs majeurs de l'histoire de la bande dessinée japonaise. Tout aussi passionné par l'animation, Leiji Matsumoto adapte son manga Uchū Senkan Yamato en série animée dès 1974. En 1978, il collabore à la série animée Albator 78, qui triomphe deux ans plus tard en France. De 1978 à 1981, il supervise l'adaptation de son chef-d'œuvre, Galaxy express 999, en une série de 113 épisodes, suivie d'un formidable long métrage animé, tous deux réalisés par Rin Tarô. De nombreuses adaptations suivront, de Queen Millenium (Sennen joo) à la jeunesse d'Albator (Arcadie de ma jeunesse, 1982), en passant par les récits de guerre de The Cockpit (1993, 3 OAV) ou encore sa collaboration en 2003 avec Daft Punk pour l'étourdissant film musical Interstella 5555.

Œuvres majeures : Galaxy Express 999 (Kana), Capitaine Albator (Kana), Queen Emeraldas (Kana)...

Mes voisins les Yamada

Adaptation d'un manga paru dans le grand quotidien national Asahi, ce long métrage d'Isao Takahata de 1999 dépeint le quotidien d'une famille moyenne japonaise, ses petits bonheurs, ses irritations, ses rêves et ses peines... avec une bonne dose de poésie et un humour réjouissant !

Mon voisin Totoro

Afin de se rapprocher de sa femme hospitalisée, un jeune père de famille s'installe avec ses deux filles, Satsuki, 10 ans et Mei, 5 ans, dans la campagne japonaise. La proximité d'un arbre immense entraîne rapidement les deux fillettes dans l'univers magique de Totoro, un esprit de la nature bienveillant et doux comme un gigantesque ours en peluche ! Quand la petite Mei s'adresse pour la première fois à la créature, elle tente de prononcer le mot « troll » (« tororu »), mais se trompe... c'est ainsi que naît Totoro ! Sorti au Japon le même jour que le Tombeau des lucioles d'Isao Takahata, le film offre au studio Ghibli en 1988 sa mascotte, son « Mickey Mouse » : Totoro devient dès lors l'emblème du studio !

Monster

Le docteur Tenma est un brillant neurochirurgien de Düsseldorf, dont l'avenir semble tout tracé. Jusqu'à cette nuit où le destin apparaît sous la forme de deux enfants dont les parents ont été sauvagement assassinés. En choisissant de sauver le petit garçon, le jeune docteur a-t-il sauvé un monstre ? Monster est un formidable thriller assorti de nombreux faits historiques, par l'auteur de 20th Century Boys et Pluto, l'éblouissant Naoki Urasawa.

Mothra [kaijû, voir Godzilla]

Après Godzilla, le kaijû (monstre géant) le plus populaire et remarquable est sans doute Mothra. Non seulement il est le plus improbable de tous – Mothra est une sorte de mite géante –, mais aussi l'un des rares monstres bienveillants de la Toho. Mothra voit le jour en 1961 dans le film éponyme d'Ishirô Honda, et multiplie les apparitions dans les années 1960, puis depuis le début des années 1990. Chenille géante à sa naissance, Mothra déploie ses ailes gigantesques à l'âge adulte, tour à tour amie ou ennemie de Godzilla, elle est parfois même dépeinte comme sa compagne !

My Hero Academia

Phénomène du shônen, le manga de Kôhei Horikoshi nous présente un monde où 80 % de la population possède un super-pouvoir ! Pardon... un « alter ». Dans un monde où super-héros et super-vilains sont la règle, chacun rêve de suivre les traces du plus puissant de tous, All Might. C'est le cas d'Izuku, qui entre à la Hero Academia dans cet objectif... Mais pas simple quand on fait partie des 20 % dépourvus de pouvoir ! Si le pitch rappelle celui de Top 10, le comics d'Alan Moore, l'auteur s'en démarque par un ton singulier et une galerie de personnages hauts en couleur !

N

Nadia, le secret de l'eau bleue

Paris, Exposition universelle de 1889. Lorsque la jeune acrobate de cirque Nadia croise le chemin de Jean, un jeune inventeur, elle ne sait pas encore que la mystérieuse pierre bleue qu'elle porte autour du cou va unir à jamais leurs destins. La quête des origines de la jolie Nadia les mènera bientôt à bord du Nautilus, le fantastique sous-marin du capitaine Nemo, et jusque sur les traces de la civilisation atlante… Pendant des années, les Japonais ont élu la série de Hideaki Annô (Neon Genesis Evangelion, Gunbuster) meilleur animé de tous les temps au classement du magazine Animage. Inspirée de l'univers de Jules Verne (20 000 lieues sous les mers), ainsi que d'un ancien projet de Hayao Miyazaki, Nadia est une série absolument fabuleuse qui n'a pas pris une ride !

Nana

Deux jeunes femmes se rencontrent dans un train à destination de Tokyo. Toutes deux ont 20 ans et partagent le même prénom. L'une est plutôt punk rock : Nana Ozaki veut faire carrière dans la musique ; l'autre est plutôt pop kitsch : Nana Komatsu rejoint simplement son petit ami. Le hasard les pousse à devenir colocataires de l'appartement 707 (« nana » signifie 7 en japonais). Aussi différentes que complémentaires, les deux Nana vont apprendre à se soutenir dans les difficultés de la vie. Œuvre majeure d'Aï Yazawa, Nana est l'un des plus grands succès du shôjo manga des années 2000, qui mêle mode, musique, psychologie et pop culture !

Naruto

Naruto conte la destinée d'un jeune apprenti, fougueux, solitaire et mal-aimé, bien décidé à devenir maître Hokage, la plus haute distinction dans l'ordre des ninjas ! Saura-t-il mériter son bandeau ? Naruto est un shônen culte qui doit son immense succès au bouche-à-oreille !

Nausicaä de la Vallée du Vent

Nausicaä de la Vallée du Vent est une jeune princesse sensible, capable de communiquer avec les animaux et la nature, dans un monde où l'homme a ruiné son environnement. Avec son renard-écureuil Teto sur l'épaule, la belle héroïne saura-t-elle mettre fin au conflit qui secoue son royaume ? Ce chef-d'œuvre écologiste de Miyazaki de 1984 est le premier film réalisé par le futur studio Ghibli. Il est aussi l'adaptation de l'unique manga du maître japonais, encore inachevé au moment de la sortie du long métrage.

Noir

Cet animé culte de 2001 est un véritable hommage aux films noirs et à la série de même ton. L'histoire commence lorsque Mireille Bouquet, une jeune Parisienne qui se déplace toujours en Vespa jaune, reçoit un étrange message accompagné d'une mélodie tragiquement familière : celle de la montre à gousset de son père, assassiné avec le reste de sa famille, lorsque Mireille était encore enfant. Sa rencontre avec l'autrice du message, une jeune fille amnésique, précipite les deux tueuses à gages dans une quête de leurs origines. Du chara design à la bande originale de Yuki Kajiura, tout est soigné dans ce polar puissant et contemplatif.

Nos mots comme des bulles (Words Bubble Up Like Soda Pop)

Premier long métrage de Kyohei Ishiguro, ce film produit par Netflix en 2021 et réalisé pour les 10 ans du label Flying Dog est un petit joyau qui brille de mille... couleurs ! À travers la rencontre de Cherry, le poète introverti qui ne s'exprime que par haïkus (ces courts poèmes japonais de trois vers) et Smile, jeune fille populaire sur les réseaux sociaux, mais complexée par son appareil dentaire, c'est le meilleur du Japon d'hier et d'aujourd'hui qui se croisent et apprennent à s'aimer, dans un échange à la fois contemplatif et ultra-dynamique, respectueux du passé (les anciens sont au cœur du film, autant que la jeunesse des protagonistes), et résolument tourné vers l'avenir. Chaque plan du film est un tableau fourmillant de détails, dans une explosion de couleurs oscillant entre psychédélisme assumé et hommage à Mondrian. Non content de nous en mettre plein la vue, dans un style évoquant le regretté Johann Johannsson, la musique de Kensuke

Oshio (Silent Voice) caresse nos oreilles d'un thème entêtant, magnifiquement décliné au rythme des images et des poèmes. Classique instantané, cette ode bienfaisante à la musique, l'amour et la poésie est le plus feel good et délicat des animés de ces dernières années !

O

OAV (Original Animation Video)

Destinée directement au marché de la vidéo, l'OAV est à l'origine un pur produit des décennies 1980/1990, développé durant l'âge d'or de la VHS et du laser disc. Conçue comme un intermédiaire et souvent comme une passerelle entre cinéma et séries animées, l'OAV a permis la naissance d'incontestables chefs-d'œuvre, de L'Œuf de l'ange (Mamoru Oshii, 1985) à l'adaptation du Black Jack d'Osamu Tezuka (Osamu Dezaki, 1993 à 2000), en passant par Gunbuster (Hideaki Annô, 1988), Please Save My Earth (Kazuo Yamazaki, 1994), ou encore celles consacrées à Rurôni Kenshin (1999). Au début des années 2000, le support est un peu éclipsé au profit de séries télévisées « de prestige », dont Cowboy Bebop (1998) fut la première matrice, avant de ressurgir sur DVD et Blu-ray.

Olive et Tom (Captain Tsubasa)

Tsubasa (Olivier) a grandi avec un ballon de foot pour meilleur ami. Réalisera-t-il son rêve d'offrir la Coupe du monde au Japon ? La passion suffira-t-elle à le mener au sommet du football mondial ? Captain Tsubasa est un phénomène du manga sportif... et la série de football la plus célèbre de l'histoire de la télévision ! Qui a oublié ses terrains de 20 kilomètres de long et ses actions aussi spectaculaires qu'interminables ? Comme tout bon shônen, le récit exalte le dépassement de soi et l'esprit d'équipe !

One Piece

Le One Piece est le nom donné au trésor des trésors : le plus fabuleux butin des sept mers ! Le jeune Monkey D. Luffy et son équipage ne doutent de rien et partent à sa recherche. Il faut dire que Luffy est bien aidé par le « Fruit du démon » qui rend son corps totalement élastique ! Eiichirô Oda a frappé très fort : son manga One Piece s'est imposé la plus fabuleuse histoire de pirates depuis L'Île au trésor de R.L. Stevenson... et le plus grand succès du manga de tous les temps, détrônant même le géant Dragon Ball !

One Punch Man

Quand on terrasse n'importe quel adversaire en un seul coup de poing, où est l'intérêt de se battre ? Comment tromper l'ennui quand on est bloqué en God mode ? C'est ce qui arrive à Saitama, qui avait pourtant la vocation du super-héros ! Le pire, c'est que personne ne se rend compte de son incroyable capacité, à l'exception de Genos, son élève cyborg. Un shônen irrésistible au succès fulgurant !

P

Patlabor

Dans un futur proche, de gigantesques robots, les Labors, aident l'homme à exécuter de nombreux travaux. Les patrouilles spéciales Patlabor luttent contre l'usage que font les terroristes des Labors. Le manga suit le quotidien d'une de ces patrouilles, face à ce nouveau type de criminalité. Patlabor a fait l'objet d'une série diffusée au Club Dorothée et surtout de trois célèbres films, dont les deux premiers sont signés Mamoru Oshii (Ghost in the Shell) !

Perfect Blue

Ce thriller envoûtant de 1997 fut le plus grand succès du regretté Satoshi Kon (Paprika, Tokyo Godfathers). Il met en scène Mima, une chanteuse et idole de J-pop, dont la vie bascule peu à peu dans un cauchemar permanent, au moment où celle-ci décide de devenir actrice. Persécutée par Mimaniac, un fan psychopathe, Mima est-elle en train de sombrer dans la folie ?

Phénix (Hi no Tori)

Qui boira le sang du phénix connaîtra l'immortalité. Mais s'emparer de l'oiseau de feu n'est pas une mince affaire... Des origines de l'humanité au plus lointain futur, des hommes de toutes les civilisations ont tenté de percer le voile du temps et le mystère de la vie éternelle... Osamu Tezuka considérait sa saga Phénix comme son plus grand chef-d'œuvre. Tout au long de sa vie, il ne cessa d'ajouter de nouveaux chapitres aux milliers de pages de cette impressionnante fable spirituelle, qui revisite le mythe du phénix à travers de multiples époques et civilisations.

Please Save My Earth (Réincarnations)

Un groupe de lycéens se remémore peu à peu d'une autre existence sur la Lune, depuis laquelle ils observaient la Terre. Des rêves étranges font ressurgir les souvenirs poignants de relations très différentes de ce qu'elles sont devenues. Comment composer avec les rancœurs et les terrifiants regrets d'une existence qui n'est plus, mais qui les hante encore ? La bouleversante adaptation en six OAV de Kazuo Yamazaki, d'une grande poésie et servie par une sublime bande originale signée Hajime Mizoguchi, est au moins aussi célèbre que le manga de Saki Hiwatari !

Ponyo sur la Falaise

Fruit des expériences d'un sorcier vivant au fond des mers, une petite princesse-poisson échappe à son créateur et se fait la belle sur le dos d'une méduse… avant de faire la rencontre de Sôsuke, 5 ans, qui l'adopte aussitôt et la baptise Ponyo ! Bientôt forcée de regagner l'océan, Ponyô rêve de devenir humaine pour vivre aux côtés de Sôsuke. Ainsi commence son voyage initiatique ! Ponyo (2008) est, après Totoro, le plus familial des films de Miyazaki. Malgré la complexité d'un scénario qui revisite l'histoire de la Petite Sirène de façon très personnelle, le film parvient sans peine à faire vibrer les cœurs des spectateurs, toutes générations confondues.

Porco Rosso

Marco, ancien as de l'aviation italienne pendant la Première Guerre mondiale, vit retiré sur une île déserte de l'Adriatique, avec son splendide hydravion rouge et son cortège de souvenirs. Mais pourquoi diable s'est-il changé en cochon ? Porco Rosso est peut-être le plus subtil des chefs-d'œuvre de Hayao Miyazaki, délicatement doux-amer et débordant d'une tendre nostalgie ! Premier film du maître japonais à être distribué en France au début des années 1990, il bénéficie également d'un doublage exceptionnel, servi notamment par Jean Reno, ainsi que d'une bande originale de Joe Hisaishi particulièrement raffinée.

Princesse Mononoké

Dans le Japon médiéval de l'ère Muromachi, à la suite du meurtre d'un dieu sanglier changé en démon, le jeune prince Ashitaka du clan des Emishis est maudit et condamné à une mort certaine. Un moine lui conseille de se rendre dans la Forêt, où vivent les esprits de la nature. Ashitaka y rencontre San, la Princesse des esprits, redoutable guerrière élevée par Moro la déesse louve… et Furieuse contre les humains. En 1997, Hayao Miyazaki triomphe au Japon, puis dans le monde entier, avec cette Fresque épique et écologique d'une époustouflante virtuosité… confirmant son statut de maître du cinéma d'animation !

Princesse Sarah

Dans l'Angleterre du XIXe siècle, la petite Sarah, orpheline de mère à 8 ans, est placée dans un pensionnat par son père, appelé aux Indes pour un voyage d'affaires. Hélas, la ruine puis le décès de celui-ci transforment la vie de Sarah en cauchemar. Et la directrice du pensionnat, Mademoiselle Mangin, s'avère être le pire bourreau de la petite princesse… Dans la grande tradition des adaptations de classiques par Nippon Animation, celle du roman de F. H. Burnett a ému aux larmes plusieurs générations d'enfants !

R

Ranma ½

La famille Saotomé dirige un dojo d'arts martiaux. Lors d'un voyage d'entraînement, Ranma et son père tombent dans une source maudite. Depuis, au contact de l'eau froide, Ranma se change en fille, et son père, en panda ! Heureusement, un peu d'eau chaude et tout rentre dans l'ordre... Tel est le point de départ d'une formidable comédie sentimentale et d'arts martiaux au succès international, dans les années 1990, et qui reste à ce jour le plus grand triomphe de la grande Rumiko Takahashi !

Redline

La Redline est la course clandestine la plus folle de l'univers. Tous les cinq ans, des pilotes de toute la galaxie, aux bolides modifiés, s'affrontent pour la remporter. JP, un pilote fauché, la belle Sonoshi, ainsi qu'une flopée de coureurs enragés tentent leur chance, prenant les risques les plus mortels sur cette course folle, où tous les coups sont permis et la vitesse... illimitée. Le long métrage (2010) du studio Madhouse (Vampire Hunter D, Ninja Scroll) est une expérience hallucinante, un trip ultra dynamique qui repousse les limites de l'animation !

Le Roi Léo

Léo le lionceau voit son père assassiné par son oncle. Il devra apprendre à devenir adulte afin d'assurer la succession du trône en tant que Roi de la jungle... Ça vous dit quelque chose ? Le Roi Léo (Jungle Taitei) est un manga majeur, dont Osamu Tezuka, le père du manga moderne, revisitera l'histoire à différentes périodes de sa vie... Et ses adaptations animées sont encore plus populaires ! À commencer par le Roi Lion des studios Disney, adaptation non officielle qu'il a pourtant largement inspirée... Mais il faut avouer que le manga de Tezuka est lui-même inspiré par Hamlet de Shakespeare !

Le Royaume des chats

La vie de Haru, 17 ans, bascule quand celle-ci sauve un chat des roues d'un camion. Quand le félin se présente et déclare être le prince du Royaume des chats, la jeune fille a déjà mis un pied dans un autre monde ! Petit problème : Haru devra épouser le prince... Ce film du studio Ghibli de 2003 n'est pas la suite directe de Si tu tends l'oreille, mais en reprend certains personnages, dont le fameux chat Baron, dans un récit bien différent, une nouvelle fois adapté d'un manga de Aoi Hiiragi.

Rumiko Takahashi

La mangaka la plus célèbre au monde est aussi l'une des rares autrices à réaliser la majeure partie de son œuvre dans le registre du shônen. Elle connaît son premier

succès avec Urusei Yatsura (*Lamu*), comédie sentimentale sur fond de science-fiction, adaptée en série animée dès 1981, puis en une suite de longs métrages qui confèrent à son auteur une reconnaissance internationale. C'est le commencement d'une carrière sans équivalent. Si Maison Ikkoku (1982-1987) connaît une adaptation télévisée en 96 épisodes, son plus grand succès à ce jour demeure Ranma ½ (1987-1996), dont les 38 volumes lui font franchir la barre des 100 millions de mangas vendus et se décline en série, OAV et trois films. En parallèle de ses grands succès commerciaux, Rumiko Takahashi travaille aussi sur des œuvres plus personnelles, tels son cycle des sirènes (*Mermaid Forest*) ou ses recueils de nouvelles (*La Tragédie de P.*, *Le Chien de mon patron*), dans lesquels s'exprime pleinement sa peinture délicate des excès et contradictions de la nature humaine.

Œuvres majeures : Urusei Yatsura (*Glénat*), Maison Ikkoku (*Tonkam*), Ranma ½ (*Glénat*), Rinne (*Kazé*)...

S

Sailor Moon

Usagi (*Bunny en VF*) est une collégienne pleine de vie. En trébuchant sur un chat, son destin bascule ! Pour la remercier de ses soins, le félin (qui parle) lui remet un pendentif, grâce auquel Usagi devient l'incroyable Sailor Moon ! La guerrière de la Lune en uniforme d'écolière sera bientôt rejointe par une flopée de combattantes toutes plus ravissantes et déterminées les unes que les autres, chacune sous la protection d'une planète du système solaire. Le shôjo culte des années 1990 mêle habilement les codes des séries de magical girl à ceux d'un super sentaï addictif.

San Ku Kaï (Uchû kara no Message – Ginga Taisen) [séries live]

San Ku Kaï est le Star Wars japonais, ni plus ni moins ! Créée par l'inépuisable Shôtaro Ishinomori (Cyborg 009, Kamen Rider...) à la suite du triomphe pressenti du premier volet de Star Wars (le film n'était pas encore sorti au Japon), la série est réalisée avec un budget dérisoire (lunettes de ski et casques de mobylette au programme), mais parvient à en imposer visuellement : c'est tout le savoir-faire des productions de tokusatsu qui est à l'œuvre, pour ce classique du space opera japonais qui illuminera nos petites lucarnes dès 1979. Tout comme celui d'Albator 78, le générique français est signé Éric Charden.

Si tu tends l'oreille (Mimi o sumaseba)

Passionnée de lecture, la jeune Shizaku remarque qu'un certain Seiji emprunte systématiquement les mêmes livres qu'elle. Un chat rencontré dans un train la mène à la boutique d'un antiquaire où elle croise de nouveau le garçon, avec lequel elle se lie d'amitié. Mais Seiji doit bientôt partir en Italie afin de parfaire son apprentissage de luthier. Admirative de son ambition, Shizaku décide de mettre à profit son absence en s'imposant le défi d'écrire un roman, dont le point de départ est la statuette du chat Baron, qui trône dans la boutique du vieil antiquaire… Scénarisé par Hayao Miyazaki, il s'agit de l'unique long métrage (1995) de Yoshifumi Kondô, héritier présumé du studio Ghibli disparu prématurément. Un seul film… mais l'un des plus grands chefs-d'œuvre du cinéma japonais !

Slam Dunk

Quand Hanamichi se prend un râteau pour la cinquantième fois, il suffit que la belle Haruko lui demande s'il aime le basket pour qu'il se décide à intégrer le club du lycée ! Hélas, Haruko en pince déjà pour Kaede, joueur de première année surdoué et idole des filles : une rivalité fertile vient de naître… Énorme best-seller de Takehiko Inoue (Vagabond), Slam Dunk est le manga de basket par excellence. En 2007, il surclassera même Dragon Ball dans le cœur des lecteurs !

Summer Wars

Kenji, jeune surdoué en maths, travaille l'été à la maintenance du réseau social Oz, gigantesque communauté virtuelle, quand… surprise ! La fille de ses rêves lui demande de jouer le rôle de son petit ami à l'occasion de l'anniversaire des 90 ans de sa grand-mère, à laquelle elle

a promis de présenter son fiancé. Alors que la fête bat son plein dans l'immense domaine familial, Love Machine, une intelligence artificielle redoutable, pirate le système d'Oz réputé inviolable et s'apprête à causer un chaos mondial. Le grand Mamoru Hosoda (Belle, Les Enfants Loups) traite avec subtilité de thèmes brûlant d'actualité dans ce long métrage de 2009, éblouissant visuellement et maîtrisé de bout en bout !

T

Tezuka (Osamu)

Fondateur du manga moderne, Osamu Tezuka révolutionne la bande dessinée après la Seconde Guerre mondiale, en inventant une grammaire graphique qui offre au médium des possibilités narratives au confluent de la littérature et du cinéma. Si Astro Boy ou Le Roi Léo l'ont rendu célèbre dans le monde entier, Tezuka s'illustre dans tous les genres narratifs, du conte pour enfants au drame historique et psychologique (L'Histoire des 3 Adolf, Ayako), repoussant toujours plus loin les limites de son art. Conteur sans égal, il invente le premier shôjo avec Princesse Saphir en 1953, le drame médical avec Black Jack (1973), passe avec allégresse et évidence du polar le plus noir (MW) à la tragédie (Shumari), du western (Angel Gunfighter) à la science-fiction (Wonder 3, Metropolis), de l'adaptation très personnelle d'une œuvre célèbre (Manon Lescaut, Néo-Faust) au fantastique (Alabaster,

L'Enfant aux 3 yeux), en passant par les robots géants (Magma Taishi), la biographie de grandes figures historiques (Bouddha, Ludwig B.), les super-héros (Big X), le récit de samouraï (L'arbre au soleil, Dororo) ou l'autobiographie (Makoto et Chiiko)... sans parler du manga qui lui tenait le plus à cœur, une fresque mythologique et métaphysique aux dimensions cosmiques, Phénix. L'œuvre de cet auteur de génie qu'était Osamu Tezuka apparaît comme une longue réflexion sur la condition humaine, spirituelle et généreuse, toujours ouverte. Sans équivalent sur le plan quantitatif, l'intégrale de son œuvre compte plus de 400 volumes, pour quelque 150 000 pages dessinées !

Sa contribution à l'évolution de l'industrie du cinéma d'animation japonais est également historique et essentielle : en 1963, avec l'adaptation de son manga Astro Boy en série télévisée, il invente l'animation limitée, et tous les procédés qui permettront de réaliser un épisode hebdomadaire de 26 minutes pour un coût extraordinairement bas. Walt Disney lui-même se passionne pour le personnage d'Astro Boy et reconnaît le génie d'Osamu Tezuka.

Ces innovations remarquables entraînent néanmoins des conséquences inattendues et parfois perverses : elles vont figer les standards des coûts de production pour plusieurs décennies, et ce au détriment des créateurs. Tezuka en était conscient et ne cessera de créer des courts et longs métrages d'auteur extrêmement ambitieux et internationalement primés, tels Jumping (1984), Broken Down Film (1985) ou le sublime et inachevé Legend of the Forest (1987). Quand Osamu Tezuka disparaît en 1989, le Japon lui célèbre des funérailles nationales.

Œuvres majeures (manga) : Phénix, l'oiseau de Feu (Tonkam), La Vie de Bouddha (Tonkam), Black Jack (Kazé), L'Histoire des 3 Adolf (Tonkam), Debout l'humanité (FLBLB), Néo-Faust (FLBLB), Ludwig B. (Asuka)…

Tokusatsu [séries live]

Les tokusatsu (littéralement « eFFets spéciaux ») sont une vraie curiosité de la culture pop japonaise : ces séries avec acteurs, gourmandes en eFFets spéciaux, déferlent sur les petits écrans dans les années 1970 et ravissent jusqu'aux petits Français. Le genre se divise en sous-catégories : les henshin heroes, héros à transformation pionniers du genre, tels Ultraman ou Kamen Rider ; les metal heroes, super-héros en armures métalliques high-tech à la X-Or, et enfin les super sentai, des groupes de super-héros colorés, à l'instar de Bioman ou Liveman. On peut leur ajouter les kaijû, bien que ce genre cinématographique plus spécifique des monstres géants (Godzilla, Mothra, Gamera) soit antérieur au développement des séries tokusatsu télévisées.

Tokyo Babylon : cF. X

Le Tombeau des lucioles

Le bouleversant chef-d'œuvre d'Isao Takahata conte le terrible cheminement de deux orphelins dans le Japon dévasté, au cœur du climat d'angoisse et de privations de la Deuxième Guerre mondiale. Au Japon, il sort le même jour que Mon voisin Totoro de Hayao Miyazaki, autre production du studio Ghibli de l'été 1988. Depuis, le film a fait le tour du monde. La version originale sous-titrée est plus que recommandée.

Touch (Théo ou la batte de la victoire)

Une batte de baseball, le sport national japonais. Deux frères jumeaux, au tempérament très différent. Leur jolie voisine, que tous deux veulent conquérir. Quand l'un des frères meurt tragiquement, la vie de ceux qui restent est totalement bouleversée par ce deuil insurmontable. Une œuvre majeure de l'immense Mitsuru Adachi (Cross Game, Katsu, Rough, Q&A, Jinbé...), orfèvre du manga psychologique sur fond de sport, poète et peintre du cœur humain.

Très cher Frère

Fraîchement arrivée dans une école de jeunes filles très réputée, Nanako est admise dans un club privé très select, le Cercle de la Rose. Entre les rivalités épouvantables qui règnent au sein du cercle, et la jalousie de ses camarades non admises, Nanako a de quoi se sentir perdue. Heureusement, elle peut écrire à Takehiko, un élève rencontré aux cours du soir, qu'elle considère comme son grand frère... Un drame psychologique magistral de la grande prêtresse du shôjo manga, Riyoko Ikeda (Lady Oscar). La série fit polémique lors de sa diffusion dans le Club Dorothée : peu adaptée à un jeune public, elle fut supprimée de l'antenne après seulement sept épisodes.

U

Ultraman [henshin heroes, voir tokusatsu]

Créée par Eiji Tsuburaya en 1966, la première série live Ultraman constitue le prototype des séries de henshin heroes, ces héros à transformation qui firent les beaux jours des tokusatsu de la première époque. Ultraman n'hésitait pas à aborder des sujets complexes, tels que la guerre du Pacifique ou l'occupation américaine d'Okinawa, sans prétendre forcément trancher. Depuis près de soixante ans, le super-héros japonais a fait l'objet de quantité de suites et produits dérivés. Du déguisement d'Aralé dans Dr Slump aux figurines de la série de 1966 visibles dans Death Note, les clins d'œil des auteurs de manga à Ultraman sont innombrables ! Son impact sur la culture pop japonaise fut immense, ouvrant la voie aux Kamen Rider, Spectreman, X-Or, San Ku Kaï et autres Bioman des générations suivantes !

Urotsukidôji

Vous aimez les tentacules ? Dans la Légende du démon, ils s'immiscent absolument partout… et surtout aux pires endroits ! Tout ça parce que tous les 3000 ans, le monde des humains, celui des démons et celui des hommes-animaux sont censés fusionner afin de donner naissance à un monde meilleur... et que certains démons ne l'entendent pas de cette oreille ! Le fameux manga de Toshio Maeda est beaucoup moins connu que l'adaptation animée de Hideki Takayama, bien plus hard que le récit d'origine ! L'animé pour adultes le plus connu au monde... Tentaculte !

V

Les Vacances de Jésus et Bouddha

Quand Jésus et Bouddha décident de partir ensemble en vacances, on les suit à distance respectable... mais on est certains de ne pas s'ennuyer ! Ce manga improbable et déjanté a rencontré un succès international, bien au-delà de ses attentes... et amplement mérité !

Vampire Hunter D : Bloodlust

Fils d'une humaine et d'un roi vampire, D. est un chasseur de vampires rejeté par les deux espèces. Quand un buveur de sang notoire à la cruauté légendaire, l'abominable Meier Link, enlève la jeune Charlotte, D. se lance sur la piste de la jeune femme. Mais une bande de mercenaires sanguinaires, les Frères Markus, sont aussi sur la piste... Yoshiaki Kawajiri (X, Ninja Scroll) réalise ce chef-d'œuvre gothique en 2000, luxuriant hommage au cinéma de genre dans son ensemble (western, épouvante, film de sabres...).

Le vent se lève

Initialement, Hayao Miyazaki avait prévu un projet dans la continuité de Porco Rosso (1992), mais il choisira Fina-lement une approche plus sombre, réaliste et drama-tique : Le vent se lève (2013) s'inspire librement de la vie d'un ingénieur en aéronautique japonais, concepteur des « chasseurs zéro » pendant la Seconde Guerre mondiale. Le titre est extrait des vers de Paul Valéry : « Le vent se lève, il faut tenter de vivre. » Dans la version originale, c'est le réalisateur Hideaki Annô (Neon Genesis Evangelion, Nadia, le secret de l'eau bleue) qui double le personnage principal.

Vidéo Girl Ai

Yota Moteuchi est un jeune lycéen au cœur pur, Fou d'amour pour la belle Moémi… qui en aime un autre : son meilleur ami Takashi. Mais ce triangle amoureux classique est vite perturbé par l'arrivée d'une « video girl » surgie de l'écran de télé de Yota, pendant le visionnage de la cassette qu'il vient de louer. Elle s'appelle Aï Amano, et dit être là pour aider Yota à réaliser ses rêves… Près de trente ans après sa création, le chef-d'œuvre de Katsura (Zetman, I''s) demeure un shônen de référence sur les amours adolescentes, au graphisme sublime !

Le Voyage de Chihiro

Plus grand succès de l'histoire du cinéma japonais, ce chef-d'œuvre de Hayao Miyazaki de 2001 raconte

l'étrange voyage d'une petite fille dans le monde des esprits. En chemin avec ses parents vers leur nouvelle maison, ceux-ci sont transformés en cochons par la sorcière Yubaba. Afin de retrouver ses parents et le monde des humains, Chihiro cherche un travail dans un établissement de bains à l'atmosphère surnaturelle... Entre autres récompenses, le film a remporté l'Oscar du meilleur film d'animation et l'Ours d'or du Festival de Berlin.

X [+ Tokyo Babylon]

Tokyo Babylon nous présente Subaru, un exorciste et maître du Yin et du Yang. Doté de grands pouvoirs spirituels, il est soutenu par Hokuto, sa sœur jumelle, et Seichiro, son petit ami au discours ambigu, qui prétend descendre d'une famille d'assassins occultes. Le manga en sept volumes, critique sociale de la vie dans les mégalopoles, peut être considéré comme le prologue de X, qui se déroule six ans plus tard. Ce dernier met en scène Kamui, de retour à Tokyo après la mort de sa mère. Entre les Dragons de la Terre (les Anges) et du Ciel (les Sceaux), une guerre mystique est déclarée ; Kamui est la clé du destin. Le récit ésotérico-apocalyptique du studio Clamp (Card Captor Sakura, RG Veda...) est une sorte de relecture de l'Apocalypse de Jean. Magistralement adaptée en série animée par Yoshiaki Kawajiri (Ninja Scroll), la série propose une conclusion convaincante au manga demeuré inachevé.

X-Or (Gavan) et metal heroes [séries live]

« X-Or ! Le shérif, shérif de l'espace ! » Qui ne se souvient pas avec émotion de ce héros du mercredi d'un nouveau genre, magnifiquement campé par Kenji Ôba ? Tout comme Char Aznable (dans la saga Gundam) qui doit son nom à la prononciation japonaise de « Charles Aznavour », Gavan doit le sien à celle de Jean Gabin ! Paradoxalement, en France, c'est sous le patronyme de X-Or qu'il triomphe sur le petit écran. Cette énième production d'Ishinomori (Kamen Rider, Kikaider, San Ku Kaï...) inaugure le genre des metal heroes, ces nouveaux chevaliers revêtus d'une armure high-tech bourrée de gadgets.

Y

Yotsuba & !

Le quotidien d'une adorable petite fille à l'imagination débordante et pleine de vie, de son papa, traducteur célibataire, de leurs voisins et de leurs proches. Des tranches de vie attendrissantes qui donnent à voir la poésie du quotidien et l'innocence émerveillée de l'enfance. Un manga rare et précieux… Un élixir de jouvence irrésistiblement rafraîchissant !

Your Name

Une jeune montagnarde rêve d'une autre vie, à Tokyo. Un jeune Tokyoïte rêve d'une autre vie… et de grands espaces. Deux adolescents, qui rêvent d'un ailleurs, réalisent leur rêve en échangeant leur corps ! Avec Your Name (2016), Makoto Shinkai (5 cm par seconde, The Garden of Words) triomphe au box-office international et creuse son obsession d'un lien spirituel entre les êtres.

Yu-Gi-Oh !

Yûgi, lycéen timide passionné de jeux de cartes, parvient à résoudre l'énigme d'un puzzle égyptien réputé indéchiffrable, libérant ainsi l'âme d'un antique pharaon. Quand Yûgi est possédé par son esprit, il devient le maître du jeu des ténèbres, un être absolument sûr de lui. Au fil de multiples affrontements aux cartes Magic & Wizard, commence alors pour l'étudiant et le pharaon, une double quête d'identité. Le shônen à succès a donné naissance à de multiples animés, jeux vidéo et jeux de cartes à collectionner !

ANNEXE

UNE BRÈVE HISTOIRE DU MANGA

Le manga ne date pas d'hier ! Il est le fruit d'une longue tradition graphique, unique au monde. Des siècles d'histoire ont préparé la naissance de nos personnages préférés...

DU VIIe SIÈCLE À LA SECONDE GUERRE MONDIALE

VIIe siècle : introduction au Japon de techniques de fabrication chinoise du papier et de l'encre, ainsi que l'usage du pinceau. Les premières caricatures connues datent de cette époque.

XIIe siècle : le prêtre Toba (1053-1140) réalise le premier chef-d'œuvre de l'e-makimono (contes en images sur rouleaux de papier, premiers ancêtres du manga). Le Rouleau des animaux (Chôjûgiga) présente des animaux anthropomorphes. Certains codes graphiques mis en place dans l'e-makimono sont toujours utilisés dans le manga moderne.

XVIIe et XVIIIe siècles : apparition des zenga (images zen), ancêtres du dessin de presse, et des estampes ukiyo-e (images du monde flottant), dont le procédé annonce déjà la naissance de la bande dessinée.

1814-1834 : « Hokusai Manga ». Hokusai utilise pour la première fois le mot manga (esquisse rapide) pour ses recueils d'estampes et caricatures… Oui, déjà !

1889 : Rakuten Kitazawa (1876-1955), père fondateur de la bande dessinée japonaise et auteur de caricatures politiques audacieuses, publie le premier comic strip japonais dans le quotidien Jijishimpô.

1905 : lancement de Tôkyô Puck, magazine satirique dirigé par Kitazawa, qui tirera jusqu'à 100 000 exemplaires.

1923 : Les Aventures de Shô-Chan par Katsuichi Kabashima, manga merveilleux mettant en scène un petit garçon et son écureuil, est l'une des toutes premières BD avec phylactères.

1925 : ère de la censure. La loi liberticide « Préservation de la paix » étouffe toute forme d'expression contestataire, antimilitariste ou opposée à l'ultranationalisme du gouvernement. Certains auteurs seront emprisonnés et torturés. Dans les années 1930, le manga sert essentiellement la propagande nationaliste et militariste de l'État japonais.

1931 : naissance de Norakuro, best-seller absolu du manga pour enfants d'avant-guerre, bande dessinée en couleurs de Suihô Tagawa, principal prédécesseur d'Osamu Tezuka.

1934 : Kitazawa fonde la première école de BD et caricatures.

1946-1978 : TEZUKA ET LA NAISSANCE DU MANGA MODERNE

1946 : sortie de *Sazae-San* de Machiko Hasegawa, première femme mangaka à succès. *Sazae-San* est un véritable témoignage de l'évolution du Japon sur trois décennies. Un best-seller, publié jusqu'en 1976 et sans cesse réédité depuis.

1947 : parution de *Shin Takarajima* (*La Nouvelle Île au trésor*) du jeune Osamu Tezuka (1928-1989), premier manga moderne ou story manga et premier best-seller (400 000 exemplaires écoulés).

1950 : *Le Roi Léo* d'Osamu Tezuka, premier manga moderne prépublié en épisodes dans un mensuel de BD, *Manga Shônen*.

1952 : première parution d'*Astro Boy* d'Osamu Tezuka dans *Shônen Magazine*.

1953 : *Princesse Saphir* d'Osamu Tezuka, premier shôjo manga !

1954 : Fujio-Fujiko (*Doraemon*), Fujio Akatsuka, Shôtarô Ishinomori (*Cyborg 009*) et Leiji Matsumoto (*Albator*), tout jeunes auteurs du magazine *Manga Shônen*, rejoignent Tezuka dans une petite pension de Tokyo et fondent le groupe Tokiwasô (du nom de la pension), qui marquera durablement l'histoire du manga. Un véritable dortoir pour mangakas !

1955-1956 : débuts de Shôtaro Ishinomori (Cyborg 009). Naissance d'un système de librairies de prêts qui prolifère rapidement. Les premières BD pour adultes se développent par ce circuit, notamment avec les œuvres de Yoshihiro Tatsumi. Premier robot géant : Tetsujin 28-go de Mitseru Yokoyama.

1957 : apparition du gekiga, un terme inventé par Yoshihiro Tatsumi pour désigner des mangas au ton très adulte, récits souvent dramatiques.

1959 : les mensuels de BD (Shônen Sunday, Shônen Magazine) deviennent hebdomadaires. Les auteurs doivent s'adapter à ce rythme nettement plus soutenu !

1964 : naissance de Garo, magazine d'avant-garde, grâce au soutien financier de Sampei Shirato qui y publie son chef-d'œuvre, Kamui-Den, lecture favorite des étudiants contestataires.

1966 : ouverture du premier musée du manga. Shônen Magazine tire à un million d'exemplaires.

1967 : Tezuka fonde la revue-laboratoire COM dans laquelle il publie l'un de ses chefs-d'œuvre : Phénix, l'oiseau de feu.

1969-1970 : explosion du manga social et contestataire.

1970 : des funérailles publiques sont célébrées pour un personnage de bande dessinée, Toru Rikiishi, du manga Ashita no Joe !

1972 : Riyoko Ikeda révolutionne le shôjo manga avec La Rose de Versailles (Lady Oscar).

1973 : Tezuka commence La Vie de Bouddha et Black Jack. Parution de Gen d'Hiroshima de Keiji Nakazawa, qui sera inscrit au programme des écoles.

1978 : ouverture de la bibliothèque du manga contemporain à Tokyo.

DU BOOM DES ANNÉES 1980 À NOS JOURS

1980 : les ventes groupées des cinq premiers hebdomadaires de manga atteignent les 10 millions d'exemplaires. Be in Love : parution des premiers mangas pour femmes.

1982 : parution d'Akira, chef-d'œuvre de Katsuhiro Otomo et de Nausicaä de Hayao Miyazaki. Lancement de Morning Magazine pour les hommes.

1983 : Manga ! Manga ! de Frederik L.Schodt est le premier essai occidental sur les mangas.

1984 : Dragon Ball d'Akira Toriyama, naissance d'un succès international sans précédent.

1986 : Les Secrets de l'économie japonaise de Shôtaro Ishinomori est un best-seller !

1988 : les ventes de Shônen Jump dépassent les 5 millions d'exemplaires. Sortie de la version internationale colorisée d'Akira et du long métrage animé.

1989 : Funérailles nationales pour Osamu Tezuka, qui évoquent en ampleur celles de Victor Hugo en France.

1990 : grande rétrospective Tezuka au Musée national d'art moderne de Tokyo.

1993 : sortie de Yan Mama Comic, magazine de mangas pour les jeunes mères. Au Japon, il y a des BD pour tout le monde !

1994 : Shônen Jump vend à 6,5 millions d'exemplaires. Cet hebdomadaire de manga est l'un des plus gros tirages de la presse hebdomadaire au monde. Ouverture du musée Tezuka à Takarazuka.

1998 : apparition des cafés manga.

2000 : ouverture du premier département d'études du manga à l'université de Kyoto.

2002 : le manga One Piece est publié à 2,6 millions d'exemplaires, un record pour un premier tirage. La même année, Say Hello To Black Jack (ainsi nommé en hommage au personnage de Tezuka), qui dépeint les conditions de travail des internes des hôpitaux japonais, secoue l'opinion publique et provoque un séisme politique au sein du gouvernement.

2005 : le gouvernement japonais édite pour la première fois son rapport économique annuel sous la forme d'un épais et très officiel volume de manga.

Années 2010 : comme en Europe ou en Amérique, les ventes de magazines de prépublication sont en baisse régulière, au profit des volumes reliés. Le manga s'installe dans les plus grands musées internationaux. La reconnaissance de la bande dessinée japonaise est mondiale, et nul ne conteste aujourd'hui sa vitalité et sa remarquable influence sur les productions des quatre coins du monde.

Années 2020 : en 2021, One Piece, manga le plus vendu de tous les temps, a passé le cap des 100 tomes et affiche 23 millions d'exemplaires vendus en France, depuis sa parution en 2000 [source Le Monde], et près de 500 millions dans le monde. En France, un livre acheté sur huit est un manga, soit plus d'une BD sur deux. Plus que jamais auparavant, la France est la seconde patrie du manga !

58, rue Jean Bleuzen – 92178 Vanves Cedex

Direction : Catherine Saunier-Talec
Directeur de projet : Antoine Béon
Responsable de projet : Anne Vallet
Suivi éditorial : Adeline Di Vito
Conception, réalisation graphique
et illustration du plateau : Dessine-moi un Gangster
Illustrations des personnages : RaF
Trames et décors des pages 18 à 95 et des cartes
de jeu, ©iStock, author, kid-a et coolgraphic
Fabrication : Anne-Laure Soyez

Dépôt légal : octobre 2022
39-2024-0/01
ISBN : 978-2-01-719522-1
Imprimé en Chine par SDI